Mantenimiento y Reparación de Equipos de Cómputo y Accesorios

Guía Completa para Diagnóstico, Solución de Problemas y Optimización de Desempeño Técnico

Diciembre del 2024

Derechos de Autor

© 2024 Alfonso Lemus Rodríguez
Todos los derechos reservados.

Este libro está destinado a fines educativos y de consulta. La información contenida en este material ha sido recopilada y presentada con el mayor cuidado posible. Sin embargo, ni el autor ni el editor asumen responsabilidad por daños o perjuicios derivados del uso o mal uso de los contenidos.

Primera edición: Diciembre 2024

Para consultas, contacto o permisos, escribe a: alfonsolr65@gmail.com

Manual sobre la reparación y mantenimiento básico de computadoras

Tabla de Contenido

- Solución de Problemas Comunes
  - Problemas de Carga
  - Fallos de Pantalla
  - Sobrecarga Térmica

4. **Computadoras de Escritorio**

- **Desmontaje y Montaje**
  - Apertura de la Torre
  - Gestión de Cables
  - Instalación de Componentes en Bahías
- **Mantenimiento**
  - Limpieza Interna y Externa
  - Reemplazo de Fuente de Alimentación
  - Actualización de Componentes (CPU, GPU, etc.)
- **Solución de Problemas**
  - Arranque Fallido
  - Ruidos Anormales
  - Fallos de Software

5. **Impresoras**

- **Impresoras de Inyección de Tinta**
  - Limpieza de Cabezales
  - Sustitución de Cartuchos
  - Desatascado de Papel

- **Impresoras Láser**
    - Mantenimiento del Tóner
    - Limpieza del Fuser y Rodillos
    - Solución de Problemas de Calidad de Impresión

6. **Tablets y iPads**
    - **Mantenimiento Básico**
        - Limpieza de la Pantalla y Cuerpo
        - Reset y Actualización de Software
    - **Reparaciones Básicas**
        - Sustitución de Pantalla
        - Reemplazo de Batería
    - **Diagnóstico de Problemas**
        - Problemas de Touchscreen
        - Problemas de Conectividad

7. **Otros Dispositivos**
    - **Smartphones**
        - Limpieza de Puertos y Altavoces
        - Cambio de Pantalla
    - **Dispositivos de Almacenamiento Externo**
        - Formateo y Recuperación de Datos
        - Limpieza y Mantenimiento

1. Introducción

Objetivo del Manual

- Este manual está diseñado para proporcionar a usuarios de equipos electrónicos, desde principiantes hasta intermedios, las habilidades y conocimientos necesarios para realizar reparaciones y mantenimiento básico. Nuestro objetivo es:
    - Simplificar conceptos técnicos para facilitar la comprensión.
    - Promover la autoconfianza en la reparación de dispositivos personales.
    - Reducir costos asociados con el mantenimiento profesional.
    - Alargar la vida útil de los equipos electrónicos.

Importancia del Mantenimiento Preventivo

- El mantenimiento preventivo es crucial por varias razones:
    - **Prevención de Fallos:** Detecta y corrige problemas menores antes de que escalen a fallos mayores.
    - **Optimización del Rendimiento:** Mantiene el equipo funcionando a su máxima eficiencia.
    - **Reducción de Costos:** Evita reparaciones costosas y prolonga la vida útil de los componentes.
    - **Seguridad:** Minimiza riesgos asociados con el mal funcionamiento de equipos, como sobrecalentamientos o cortocircuitos.

Herramientas Básicas Necesarias

- Para realizar el mantenimiento y reparación, se recomienda tener a mano las siguientes herramientas:

- Destornilladores: De varios tamaños y tipos (Phillips, planos, Torx).

- Pinzas: Para manipular componentes pequeños.

- Espátula de Apertura: Para desmontar dispositivos sin dañar el chasis.

- **Aspiradora de Aire Compuesto o Soplador:** Para la limpieza interna de polvo.

- **Limpiadores y Paños Antiestáticos:** Para la limpieza de pantallas y circuitos.

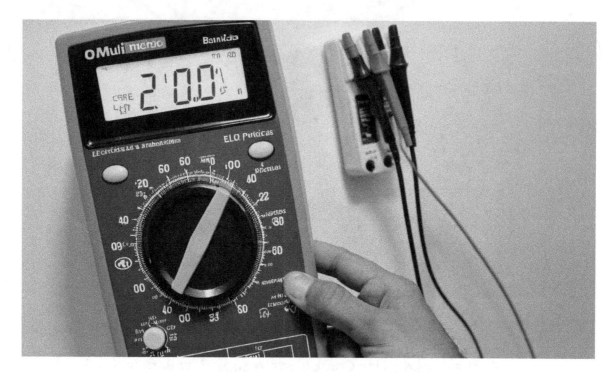

o **Multímetro:** Para pruebas eléctricas básicas.

o **Guantes Antiestáticos:** Para prevenir daños por descargas electrostáticas.

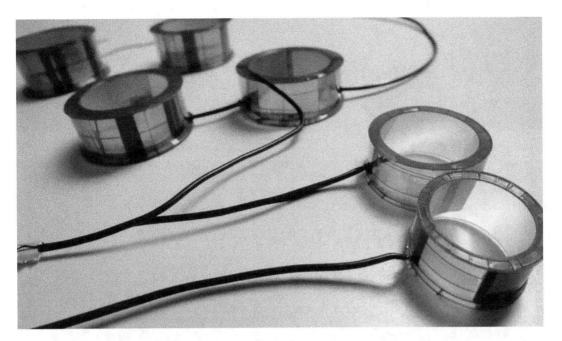

o **Cinta de Kapton:** Para aislamiento eléctrico si es necesario.

o **Isopropanol o Limpiador Electrónico:** Para la limpieza de componentes delicados.

Este equipo básico debería estar al alcance de cualquier persona interesada en el mantenimiento de sus dispositivos electrónicos, asegurando un trabajo seguro y eficiente.

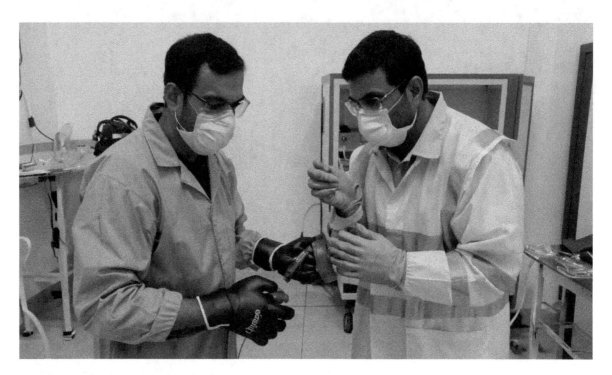

2. Seguridad y Precauciones

Uso de Equipos de Protección Personal (EPP)

- La seguridad personal es primordial cuando se trabaja con electrónica:

  - **Guantes de Látex o Nitrilo:** Protegen tus manos de sustancias químicas y reducen el riesgo de descargas electrostáticas.

  - **Gafas de Seguridad:** Evitan que partículas de polvo o componentes pequeños entren en tus ojos durante el desmontaje o limpieza.

  - **Mascarilla:** Para protegerse del polvo o gases que pueden desprenderse al limpiar componentes internos.

  - **Guantes Antiestáticos:** Cruciales para evitar dañar componentes sensibles a la electricidad estática.

  - **Pulso Electrostático (ESD) Mat o Banda:** Dispositivos que disipan la electricidad estática del cuerpo.

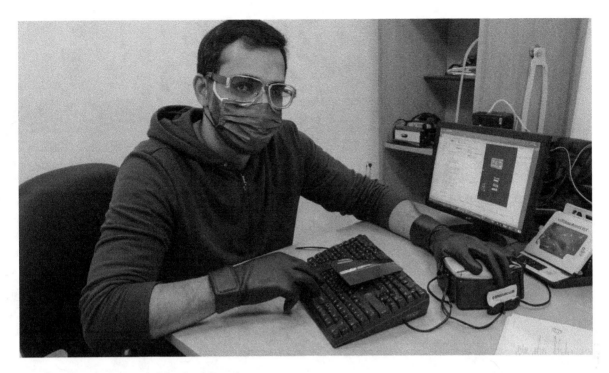

Medidas de Seguridad Eléctrica

- Trabajar con equipos electrónicos implica riesgos eléctricos, por lo que es fundamental:

  o **Desconectar el Dispositivo:** Siempre desconecta el dispositivo de la fuente de energía antes de abrirlo.

  o **Descarga de Capacitores:** Si es posible y necesario, asegúrate de descargar cualquier capacitor que pueda contener carga residual.

  o **Uso de Multímetro:** Comprueba que no haya corriente en los circuitos antes de manipularlos.

  o **Evitar Agua:** Nunca limpies componentes electrónicos con agua o líquidos conductores.

  o **No Operar en Ambientes Húmedos:** La humedad puede conducir electricidad y aumentar el riesgo de cortocircuitos.

Manipulación de Componentes Sensibles

- Muchos componentes electrónicos son sensibles a diversos factores:

    o **Protección Contra ESD (Descarga Electrostática):** Usa bandas ESD, guantes, y trabajar sobre superficies ESD.

    o **Manipulación Suave:** Trata los componentes con cuidado; no los fuerces ni los retuerzas.

    o **Ambiente Controlado:** Trabaja en un entorno donde la temperatura y la humedad estén controladas para evitar daños térmicos o por humedad.

    o **Almacenamiento Adecuado:** Guarda componentes en bolsas antiestáticas cuando no estén en uso.

    o **Herramientas Adecuadas:** Usa herramientas que no dañen los componentes, como pinzas de punta fina para chips y conectores.

Estas medidas de seguridad y precauciones no solo te protegen a ti sino también a los dispositivos que estás reparando, asegurando un proceso de mantenimiento seguro y efectivo.

3. Computadoras Portátiles

Desmontaje y Montaje Básico

Apertura del Chasis

- **Herramientas Necesarias:** Destornillador Phillips, espátula de apertura, pinzas.

- **Procedimiento:**

    1. **Apaga y Desconecta:** Asegúrate de que la laptop esté apagada y desconectada de cualquier fuente de alimentación.

    2. **Retira la Batería:** Si es posible, quita la batería para evitar descargas accidentales.

3. **Quita los Tornillos:** Localiza y quita todos los tornillos en la parte inferior de la laptop. Toma nota de sus ubicaciones.

4. **Usa la Espátula:** Con cuidado, inserta la espátula entre las dos mitades del chasis para empezar a separarlas. Ten cuidado con los clips de plástico.

5. **Desconecta los Cables:** Una vez que el chasis esté abierto, desconecta cuidadosamente cualquier cable que conecte la parte superior con la inferior.

Reemplazo de Batería

- **Herramientas Necesarias:** Destornillador, espátula de apertura.

- **Procedimiento:**

    1. **Acceso a la Batería:** Sigue los pasos anteriores para abrir la laptop.

    2. **Desconectar la Batería:** Localiza el conector de la batería y desconéctalo con cuidado. Usa una espátula plana si es necesario.

3. **Retirar la Batería:** Quita los tornillos o clips que sujetan la batería y extrae la batería vieja.

4. **Instalar la Nueva Batería:** Coloca la nueva batería en su lugar, asegúrala y vuelve a conectar el cable de la batería.

Reemplazo de Pantalla

- **Herramientas Necesarias:** Destornillador, espátula de apertura, cinta de Kapton, guantes antistáticos.

- **Procedimiento:**

  1. **Acceso a la Pantalla:** Abre la laptop como se describió anteriormente.

  2. **Desconectar Cables:** Desconecta todos los cables que conectan la pantalla al cuerpo de la laptop, incluyendo el cable de video.

  3. **Quitar la Pantalla:** Retira cualquier tornillo o clip que sujete la pantalla al marco. Levanta con cuidado la pantalla vieja.

  4. **Instalar Nueva Pantalla:** Coloca la nueva pantalla, asegúrala con los tornillos y reconecta todos los cables.

Limpieza del Teclado y Touchpad

- **Herramientas Necesarias:** Aspiradora de aire comprimido, paños de microfibra, isopropanol, pinzas.

- **Procedimiento:**

  1. **Apaga y Desconecta:** Asegúrate de que la laptop esté apagada y desconectada.

  2. **Aspirar Polvo:** Usa la aspiradora de aire comprimido para remover el polvo entre las teclas y alrededor del touchpad.

  3. **Limpiar Teclado:**

     - Humedece ligeramente un paño de microfibra con isopropanol y limpia las teclas.

     - Para suciedad persistente, usa pinzas para levantar las teclas (si es posible y seguro según el modelo) y limpia debajo.

4. **Limpiar Touchpad:**

   - Usa un paño de microfibra limpio, ligeramente humedecido con isopropanol, para limpiar la superficie del touchpad. No uses líquidos en exceso.

5. **Secado:** Permite que todas las partes se sequen completamente antes de volver a usar la laptop.

Recuerda siempre revisar manuales específicos para tu modelo de laptop, ya que los procedimientos pueden variar ligeramente según el fabricante y modelo. Además, ten en cuenta que algunos pasos pueden requerir más destreza o herramientas especializadas según la complejidad del diseño del equipo.

Mantenimiento de Componentes

Limpieza de Ventiladores y Sistema de Enfriamiento

- **Herramientas Necesarias:** Aspiradora de aire comprimido, pincel suave, isopropanol, paños de microfibra, destornillador.

- **Procedimiento:**

    1. **Acceso al Interior:** Abre el chasis de la laptop siguiendo los pasos descritos anteriormente.

    2. **Localización del Sistema de Enfriamiento:** Encuentra los ventiladores y disipadores de calor.

    3. **Limpieza del Ventilador:**

        - Usa aire comprimido para soplar el polvo acumulado en las aspas del ventilador. Mantén el ventilador quieto mientras limpias para evitar dañarlo.

        - Si hay mucha suciedad, usa un pincel suave para retirar el polvo restante.

4. **Limpieza de Disipadores de Calor:** Usa aire comprimido para limpiar las aletas de los disipadores. Si hay suciedad persistente, un paño ligeramente humedecido con isopropanol puede ayudar.

5. **Reensamblaje:** Una vez limpio, asegúrate de que todo esté bien colocado antes de cerrar el chasis.

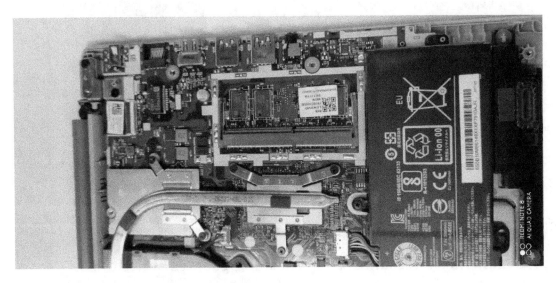

Actualización de Memoria RAM

*   **Herramientas Necesarias:** Destornillador, guantes antiestáticos.

- **Procedimiento:**

  1. **Acceso a la RAM:** Abre la laptop para acceder a los slots de memoria.

  2. **Retirar la RAM Existente (si aplica):**

     - Desengancha los clips laterales de la ranura de memoria y la RAM saldrá en un ángulo.

     - Retira la RAM antigua con cuidado.

  3. **Instalar Nueva RAM:**

     - Inserta la nueva memoria en el ángulo correcto en la ranura, aplicando una ligera presión hasta que los clips se enganchen.

  4. **Verificación:** Asegúrate de que la RAM esté bien asentada y los clips estén en su lugar.

  5. **Prueba:** Enciende la laptop y verifica en el BIOS o en el sistema operativo que la nueva RAM sea reconocida.

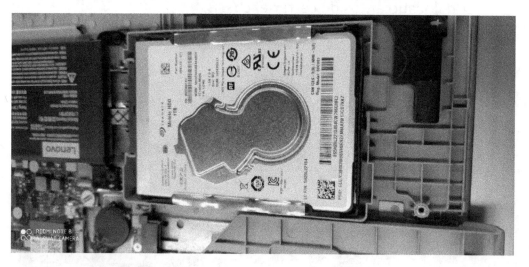

Sustitución de Disco Duro/SSD

- **Herramientas Necesarias:** Destornillador, guantes antiestáticos, adaptador para SSD si cambio de interfaz (de HDD a SSD).

- **Procedimiento:**

1. **Acceso al Disco:** Abre la laptop para llegar al compartimento del disco duro.

2. **Desconectar el Disco Viejo:**

   - Desconecta los cables de datos y de alimentación del disco.

   - Retira cualquier tornillo o soporte que sujete el disco.

3. **Remover el Disco:** Saca el disco duro antiguo de su bahía o adaptador.

4. **Instalar el Nuevo Disco:**

   - Si es un SSD y la laptop tiene una bahía para HDD, podrías necesitar un adaptador.

   - Coloca el nuevo disco en el lugar del antiguo, asegurando los tornillos y conectando los cables.

5. **Clonar o Instalar Sistema Operativo:**

   - Si es posible, clona el sistema operativo del disco viejo al nuevo para no tener que reinstalar todo.

   - Si no, instala el sistema operativo en el nuevo disco.

6. **Prueba:** Inicia la laptop con el nuevo disco y verifica que todo funcione correctamente.

Recuerda siempre trabajar con cuidado, especialmente con componentes delicados como la RAM y los discos de almacenamiento, para evitar daños físicos o eléctricos. Además, hacer un backup de tus datos antes de cualquier operación con el disco duro es una práctica recomendada para evitar la pérdida de información.

Solución de Problemas Comunes

Problemas de Carga

- **Síntomas:** La laptop no se carga, carga lentamente, o el indicador de carga parpadea.

- **Posibles Causas:**

    o Cable o conector de alimentación dañado.

    o Puerto de carga sucio o dañado.

    o Batería defectuosa.

    o Problemas con el adaptador de corriente.

- **Soluciones:**

    1. **Prueba con Otro Adaptador:** Usa un adaptador de corriente conocido para ver si el problema persiste.

    2. **Revisa el Puerto de Carga:** Limpia el puerto con aire comprimido o una espátula muy fina. Si hay daño físico, podría necesitar reparación profesional.

    3. **Inspecciona el Cable:** Chequea el cable de alimentación por daños o roturas.

    4. **Reset de la Batería:** En algunas laptops, puedes intentar un reset de la batería siguiendo las instrucciones del fabricante.

    5. **Sustitución de Batería:** Si la batería no carga o mantiene la carga, considera reemplazarla.

Fallos de Pantalla

- **Síntomas:** Pantalla negra, líneas en la pantalla, colores erróneos, o parpadeo.

- **Posibles Causas:**

  - Fallo en la conexión de la pantalla.

  - Problemas de retroiluminación.

  - Daño físico en la pantalla.

  - Problemas con la tarjeta gráfica.

- **Soluciones:**

  1. **Revisa las Conexiones:** Abre la laptop y asegúrate de que todos los cables de la pantalla estén bien conectados.

  2. **Prueba de Retroiluminación:** Usa una luz externa para ver si la imagen se ve sin retroiluminación; si es así, podría ser un problema de la luz de fondo.

  3. **Actualización de Drivers:** Asegúrate de que los controladores de la tarjeta gráfica estén actualizados.

  4. **Examen Visual:** Mira si hay daños visibles en la pantalla. Si la pantalla está físicamente dañada, el reemplazo podría ser necesario.

  5. **Modo Seguro:** Intenta arrancar en modo seguro para ver si el problema persiste, lo que podría indicar un problema de software o gráfico.

Sobrecarga Térmica

- **Síntomas:** La laptop se apaga inesperadamente, rendimiento reducido, ventilador ruidoso, o sobrecalentamiento notable al tacto.

- **Posibles Causas:**

- Acumulación de polvo en el sistema de enfriamiento.
- Uso intensivo sin ventilación adecuada.
- Pasta térmica degradada o ausente.
- Problemas con el ventilador.

- **Soluciones:**

1. **Limpieza:** Limpia los ventiladores y disipadores de calor como se describió en la sección de mantenimiento.

2. **Ventilación:** Usa la laptop sobre una superficie plana y dura, no sobre superficies blandas como colchas o almohadas. Considera un soporte con ventilación.

3. **Pasta Térmica:** Si tienes experiencia, intenta reemplazar la pasta térmica entre el CPU y el disipador de calor.

4. **Monitorización:** Usa software para monitorizar temperaturas y ajusta el rendimiento si es necesario.

5. **Verificación del Ventilador:** Asegúrate de que el ventilador funcione correctamente; si no, el reemplazo podría ser necesario.

Recuerda que algunos problemas pueden requerir la intervención de un profesional si no posees la experiencia o las herramientas adecuadas para realizar las reparaciones. La prevención, como el mantenimiento regular, es clave para evitar muchos de estos problemas.

4. Computadoras de Escritorio

Desmontaje y Montaje

Apertura de la Torre

- **Herramientas Necesarias:** Destornillador Phillips o Torx, dependiendo del modelo.

- **Procedimiento:**

    1. **Apaga y Desconecta:** Asegúrate de que la PC esté apagada y desconectada de cualquier fuente de alimentación.

    2. **Quita la Tapa Lateral:**

        - Localiza y quita los tornillos que sujetan la tapa lateral de la torre.

        - En algunos casos, la tapa podría simplemente deslizar o tener un mecanismo de apertura sin tornillos; revisa el manual de tu PC para confirmar.

        - Desliza o levanta la tapa para acceder al interior.

Gestión de Cables

- **Herramientas Necesarias:** Bridas de cable, pinzas, tijeras.
- **Procedimiento:**

  1. **Revisión de Cables:** Identifica todos los cables dentro de la torre, especialmente aquellos que podrían estar mal colocados o enredados.

  2. **Organización:**

     - **Agrupar Cables:** Usa bridas de cable para juntar cables del mismo tipo o que vayan hacia la misma dirección, pero no los aprietes demasiado como para dañarlos.

     - **Ruta de Cables:** Intenta mantener los cables detrás de la placa base o en canales de gestión de cables si la torre los tiene.

     - **Cortar Exceso:** Si hay mucho cable sobrante, córtalo o enrolla el exceso y asegúralo fuera del camino de flujo de aire.

  3. **Espacio de Aire:** Asegúrate de que no haya cables bloqueando ventiladores o disipadores de calor para mantener un buen flujo de aire.

Instalación de Componentes en Bahías

- **Herramientas Necesarias:** Destornillador, posiblemente herramientas específicas para ciertos componentes (como discos duros).
- **Procedimiento:**

Para Discos Duros/SSD:

1. **Selecciona la Bahía:** Decide en qué bahía instalarás el componente. Las bahías pueden ser de 3.5" para discos duros tradicionales o 2.5" para SSDs.

2. **Adaptadores:** Usa adaptadores si tu componente no encaja directamente en la bahía disponible (ejemplo, montar un SSD en una bahía de 3.5").

3. **Fijación del Componente:**

   - Para discos duros, desliza el disco en la bahía y asegúralo con tornillos o clips.

   - Para SSDs, coloca el SSD en el adaptador o directamente en la bahía y asegúralo.

4. **Conexiones:** Conecta los cables de datos (SATA) y de alimentación al nuevo componente.

Para Unidades Ópticas:

1. **Quita la Bahía Frontal:** Si es necesario, retira la cubierta frontal de la bahía donde irá la unidad óptica.

2. **Inserción:** Inserta la unidad en la bahía desde la parte frontal de la torre, asegurándote de que los conectores estén alineados.

3. **Fijación:** Asegura la unidad con tornillos o mecanismos de bloqueo.

4. **Conectar:** Conecta los cables de datos y alimentación.

Para Tarjetas de Expansión:

1. **Ranuras PCI/PCIe:** Quita la placa trasera correspondiente a la ranura que vas a usar.

2. **Inserción de la Tarjeta:** Introduce la tarjeta de expansión en la ranura adecuada, aplicando una suave presión hasta que encaje.

3. **Tornillo de Sujeción:** Asegura la tarjeta con el tornillo que sujetaba la placa trasera.

Después de cualquier instalación o desmontaje, asegúrate de cerrar la torre, reconectar todo y probar que el sistema inicie correctamente. La gestión de cables y la correcta instalación de componentes no solo mejoran la estética y el flujo de aire, sino que también facilitan futuras intervenciones y mejoran la eficiencia general del sistema.

Mantenimiento

Limpieza Interna y Externa

- **Herramientas Necesarias:** Aspiradora de aire comprimido, paños de microfibra, isopropanol, pincel suave, destornillador.

- **Procedimiento:**

Limpieza Externa:

1. **Apagar y Desconectar:** Asegúrate de que la PC esté apagada y desconectada.

2. **Limpiar Superficies:** Usa un paño de microfibra ligeramente humedecido con isopropanol para limpiar el exterior de la torre, evitando que el líquido entre en cualquier abertura.

Limpieza Interna:

1. **Apertura de la Torre:** Sigue los pasos ya descritos anteriormente para abrir la torre.

2. **Limpieza de Ventiladores y Disipadores:**

- Usa aire comprimido para soplar el polvo acumulado en los ventiladores y disipadores de calor. Mantén los ventiladores quietos durante la limpieza.

- Para suciedad más persistente, usa un pincel suave.

3. **Placa Base y Tarjetas:** Sopla suavemente con aire comprimido sobre la placa base y tarjetas de expansión.

4. **Filtros de Polvo:** Si tu torre tiene filtros de polvo, retira y lávalos con agua y jabón, dejándolos secar completamente antes de reponerlos.

5. **Comprobación Final:** Asegúrate de que no haya restos de polvo que puedan causar cortocircuitos.

Reemplazo de Fuente de Alimentación

- **Herramientas Necesarias:** Destornillador, bridas de cable.

- **Procedimiento:**

1. **Desconectar Todo:** Apaga y desconecta la PC. Desconecta todos los cables de alimentación de los componentes.

2. **Retirar la Fuente Vieja:**

   - Quita los tornillos que sujetan la fuente de alimentación a la torre.

   - Desconecta el cable principal de alimentación de la placa base.

3. **Instalar Nueva Fuente:**

   - Coloca la nueva fuente en su lugar asegurándola con los tornillos.

   - Conecta todos los cables necesarios a sus respectivos componentes.

4. **Gestión de Cables:** Aprovecha para organizar los cables usando bridas.

5. **Prueba:** Conéctalo y verifica que todos los componentes funcionen correctamente.

Actualización de Componentes (CPU, GPU, etc.)

CPU:

- **Herramientas Necesarias:** Destornillador, pasta térmica, limpiador de isopropanol, paños de microfibra.

- **Procedimiento:**

  1. **Acceso al CPU:** Retira el disipador de calor y limpia la pasta térmica vieja de ambos, el CPU y el disipador.

  2. **Levantar la Palanca:** Levanta la palanca de retención del zócalo del CPU para sacar el antiguo procesador.

  3. **Insertar Nuevo CPU:** Coloca el nuevo CPU en el zócalo, asegurándote de que el marcador esté alineado correctamente.

  4. **Aplicar Pasta Térmica:** Aplica una pequeña cantidad de pasta térmica en el centro del nuevo CPU.

  5. **Reinstalar Disipador:** Coloca y asegura el disipador de calor sobre el nuevo CPU.

GPU (Tarjeta Gráfica):

- **Herramientas Necesarias:** Destornillador.

- **Procedimiento:**

  1. **Retirar la Vieja GPU:** Quita el tornillo de sujeción y libera la tarjeta gráfica del slot PCIe.

  2. **Insertar Nueva GPU:** Introduce la nueva tarjeta gráfica en el slot correspondiente, aplica presión hasta que encaje.

  3. **Asegurar:** Fija la tarjeta con el tornillo de sujeción.

  4. **Conectar:** Conecta los cables de alimentación adicionales si la tarjeta los requiere.

35

Otros Componentes (RAM, discos duros, etc.):

- **Herramientas Necesarias:** Según el componente, pero generalmente destornillador.

- **Procedimiento:**

    o Para RAM, sigue las instrucciones de la sección de portátiles para insertar o remover módulos.

    o Para discos duros o SSDs, sigue las instrucciones de instalación en bahías.

Luego de cualquier actualización, es crucial probar el sistema para asegurarse de que todos los componentes son reconocidos y funcionan correctamente. Además, considera respaldar datos antes de realizar cambios significativos en la hardware.

métodos de limpieza avanzada

mantenimiento de servidores

más detalles en CPU

Solución de Problemas

Arranque Fallido

- **Síntomas:** La PC no arranca, se enciende pero no muestra imagen, o se apaga inmediatamente después de intentar arrancar.

- **Posibles Causas:**

  o Problemas con la fuente de alimentación.

  o Fallo en la placa base.

  o Problemas con la CPU o memoria RAM.

  o Errores en el disco duro o SSD.

- **Soluciones:**

  1. **Revisa la Fuente de Alimentación:** Prueba con otra fuente de alimentación conocida para descartar fallos.

  2. **Beeps de POST:** Escucha los códigos de beep que indica la placa base al intentar arrancar; estos pueden dar pistas sobre el problema.

  3. **Verifica la RAM:** Saca y vuelve a insertar los módulos de RAM o prueba con uno solo a la vez para aislar problemas.

  4. **CPU y Enfriamiento:** Asegúrate de que el CPU esté bien colocado y que el sistema de enfriamiento esté funcionando.

  5. **Disco Duro/SSD:** Intenta arrancar desde otro medio de almacenamiento o verifica la integridad del disco actual.

  6. **BIOS/UEFI:** Intenta resetear la BIOS/UEFI a los valores predeterminados.

Ruidos Anormales

- **Síntomas:** Ruidos inusuales como zumbidos, crujidos, o ruidos de fricción dentro de la torre.

- **Posibles Causas:**
  - Ventiladores defectuosos o llenos de polvo.
  - Discos duros con problemas mecánicos.
  - Vibraciones de componentes mal sujetos.

- **Soluciones:**
  1. **Identificar el Ruido:** Abre la torre y trata de identificar de dónde proviene el ruido.
  2. **Limpieza de Ventiladores:** Limpia los ventiladores como se describe en la sección de mantenimiento. Si el ruido persiste, considera reemplazar el ventilador.
  3. **Comprobación de Discos Duros:** Si el ruido viene de un disco duro, podría estar fallando. Considera hacer una copia de seguridad inmediata y evaluar el reemplazo.
  4. **Asegurar Componentes:** Asegúrate de que todos los componentes estén bien sujetos; a veces, las vibraciones pueden causar ruidos.
  5. **Revisión de Cables:** Asegúrate de que ningún cable esté rozando con partes móviles.

Fallos de Software

- **Síntomas:** La PC arranca, pero programas no funcionan correctamente, errores frecuentes, o el sistema se vuelve inestable.

- **Posibles Causas:**
  - Malware o virus.

- ○ Problemas de compatibilidad entre software.

- ○ Corrupción de archivos del sistema.

- ○ Drivers desactualizados o corruptos.

- **Soluciones:**

  1. **Antivirus/Antimalware:** Realiza un escaneo completo con un software de seguridad actualizado.

  2. **Actualización de Drivers:** Asegúrate de que todos los drivers, especialmente los de hardware crítico, estén actualizados.

  3. **Prueba de Integridad del Sistema:** Usa herramientas como sfc /scannow en Windows para reparar archivos del sistema corruptos.

  4. **Modo Seguro:** Arranca en modo seguro para aislar si el problema es de software. Si funciona en modo seguro, el problema podría estar en un programa específico.

  5. **Reinstalación de Software:** Si es un programa particular, intenta desinstalarlo y reinstalarlo.

  6. **Reinstalación del Sistema Operativo:** Como último recurso, considera una reinstalación limpia del sistema operativo.

Recuerda que la prevención es clave: actualizar regularmente el software, mantener la PC limpia y hacer copias de seguridad pueden prevenir muchos de estos problemas.

6. Impresoras

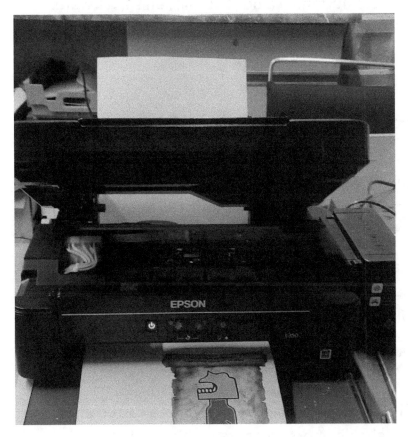

Impresoras de Inyección de Tinta

Limpieza de Cabezales

- **Herramientas Necesarias:** Aspiradora de aire comprimido (opcional), paños de microfibra, limpiador específico para impresoras o agua destilada.

- **Procedimiento:**

    1. **Acceso a los Cabezales:** Dependiendo del modelo, esto puede implicar abrir la impresora o acceder a los cabezales a través del

menú de mantenimiento de la impresora. Sigue las instrucciones del manual de tu impresora.

2. **Limpieza a Través del Software:** Muchas impresoras tienen una opción de limpieza automática de cabezales en su software. Ejecuta esta herramienta una o dos veces antes de proceder a métodos manuales.

3. **Limpieza Manual:**

   - Si es posible, retira los cartuchos o cabezales.

   - Usa un paño de microfibra humedecido con limpiador para impresoras o agua destilada para limpiar suavemente las boquillas y la parte inferior de los cabezales. No uses demasiada presión.

   - Si hay acumulación de tinta, puedes usar aire comprimido para soplarla, pero con precaución para no dañar las boquillas.

4. **Secado:** Deja que los cabezales se sequen o usa un paño limpio para secar suavemente.

5. **Reinstalación:** Vuelve a colocar los cabezales o cartuchos y realiza una prueba de impresión para verificar la mejora.

Sustitución de Cartuchos

- **Herramientas Necesarias:** Cartuchos nuevos compatibles con tu modelo de impresora.

- **Procedimiento:**

  1. **Identificar Cartuchos Vacíos:** La impresora suele indicar qué cartuchos necesitan ser reemplazados.

  2. **Acceder a los Cartuchos:** Abre la impresora y localiza los cartuchos de tinta.

3. **Retirar Cartuchos Vacíos:** Sigue las instrucciones específicas de tu impresora para quitar los cartuchos (puede variar entre modelos; algunos se deslizan, otros tienen un mecanismo de liberación).

4. **Instalar Cartuchos Nuevos:**

   - Quita cualquier tapa o cinta protectora de los nuevos cartuchos.

   - Inserta los cartuchos en las ranuras correspondientes, asegurándote de que coincidan con el color o el tipo indicado.

5. **Alineación y Prueba:** Muchas impresoras realizarán una alineación automática o necesitarán que ejecutes una prueba de impresión para ajustar la alineación.

Desatascado de Papel

- **Herramientas Necesarias:** Paciencia, cuidado, y posiblemente pinzas o una herramienta de desatascado de papel si está incluida con la impresora.

- **Procedimiento:**

   1. **Apaga la Impresora:** Desconecta la impresora para evitar daños durante el proceso.

2. **Acceso al Área de Papel:** Abre la bandeja de papel y cualquier puerta de acceso donde el papel pueda estar atascado.

3. **Retirar el Papel:**

   - Si ves el papel, trata de retirarlo suavemente tirando en la dirección del flujo de papel. No tires con fuerza ya que podrías romper el papel o dañar la impresora.

   - Utiliza pinzas para piezas de papel pequeñas o difíciles de alcanzar.

4. **Revisión:** Una vez que creas haber retirado todo el papel, busca residuos o trozos pequeños que podrían causar futuros atascos.

5. **Reiniciar y Probar:** Vuelve a conectar y encender la impresora. Intenta imprimir una página de prueba para asegurarte de que el problema está resuelto.

6. **Limpieza:** Si la impresora sigue atascando papel, limpia los rodillos de alimentación con un paño seco o ligeramente humedecido con agua destilada.

Recuerda siempre consultar el manual específico de tu impresora para instrucciones detalladas y precauciones, ya que los procedimientos pueden variar significativamente entre modelos y marcas.

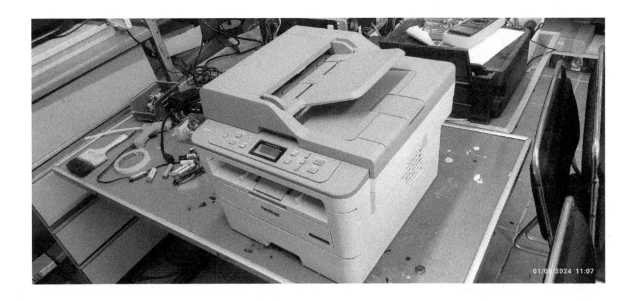

Impresoras Láser

Mantenimiento del Tóner

- **Herramientas Necesarias:** Paño de microfibra, alcohol isopropílico (usar con precaución), aspiradora de aire comprimido.

- **Procedimiento:**

  1. **Revisión del Nivel de Tóner:** La impresora suele indicar cuándo el tóner está bajo. Si no, inspecciona visualmente el cartucho.

  2. **Reemplazo del Cartucho:**

     - Apaga y desconecta la impresora.

     - Abre el área de acceso a los cartuchos de tóner.

     - Retira el cartucho viejo siguiendo las instrucciones del fabricante (puede incluir desbloquear o deslizar).

     - Instala el nuevo cartucho, asegurándote de que esté bien asentado y cerrado.

  3. **Limpieza del Área de Tóner:** Usa aire comprimido o un paño seco para limpiar cualquier residuo de tóner en el área donde se

coloca el cartucho para evitar atascos o manchas en impresiones futuras.

Limpieza del Fuser y Rodillos

- **Herramientas Necesarias:** Paño de microfibra, alcohol isopropílico, destornillador (si es necesario para acceder al fuser).

- **Procedimiento:**

Limpieza del Fuser:

1. **Desconectar y Esperar:** Asegúrate de que la impresora esté apagada, desconectada y que el fuser esté frío (puede estar muy caliente después de imprimir).

2. **Acceso al Fuser:** Sigue las instrucciones del manual para acceder al fuser, lo cual puede implicar desmontar partes de la impresora.

3. **Limpieza:** Usa un paño humedecido con alcohol isopropílico para limpiar el fuser, especialmente donde se acumula tóner. Evita usar demasiado líquido.

4. **Reensamblaje:** Vuelve a montar todo correctamente.

Limpieza de Rodillos:

1. **Acceso a Rodillos:** Abre las áreas donde están los rodillos de alimentación y transferencia.

2. **Limpieza:** Gira los rodillos manualmente mientras los limpias con un paño ligeramente humedecido. Si están muy sucios, usa alcohol isopropílico, pero deja que se sequen completamente antes de volver a usar la impresora.

3. **Inspección:** Busca signos de desgaste o daño; los rodillos desgastados pueden necesitar ser reemplazados.

Solución de Problemas de Calidad de Impresión

- **Síntomas:** Impresiones con manchas, líneas, impresiones borrosas o vacías.

- **Posibles Causas:**

  o Tóner bajo o defectuoso.

  o Contaminación del fuser o rodillos.

  o Problemas con el tambor de imagen.

  o Ajustes incorrectos en la configuración de impresión.

- **Soluciones:**

  1. **Revisar el Tóner:** Asegúrate de que el cartucho no esté vacío o defectuoso; reemplaza si es necesario.

  2. **Limpieza y Mantenimiento:** Limpia el fuser y los rodillos como se describió. Si la calidad no mejora, considera la limpieza o el reemplazo del tambor de imagen.

  3. **Configuración de Impresión:** Revisa y ajusta la configuración de la impresora, especialmente la densidad de tóner o la calidad de impresión.

  4. **Prueba de Calidad:** Muchas impresoras tienen una función de prueba de calibración o calidad. Ejecútala para diagnosticar problemas.

  5. **Actualización de Firmware:** A veces, actualizar el firmware de la impresora puede resolver problemas de impresión.

  6. **Condiciones del Papel:** Asegúrate de usar papel de la calidad y tipo recomendados por el fabricante para evitar problemas de impresión.

Recuerda que la limpieza regular y el mantenimiento preventivo son clave para mantener la calidad de impresión en impresoras láser. Si después de estos pasos el problema persiste, podría ser necesario consultar con un técnico especializado o revisar componentes más internos de la impresora.

6. Tablets y iPads

Mantenimiento Básico

Limpieza de la Pantalla y Cuerpo

- **Herramientas Necesarias:** Paño de microfibra, limpiador de pantallas adecuado o una solución de agua destilada y alcohol isopropílico al 70%.

• **Procedimiento:**

Limpieza de la Pantalla:

1. **Apaga el Dispositivo:** Para evitar toques accidentales mientras limpias.

2. **Eliminar Polvo:** Si hay mucho polvo, sopla suavemente la pantalla o usa aire comprimido (manteniendo cierta distancia).

3. **Limpieza:** Usa un paño de microfibra ligeramente humedecido con el limpiador de pantallas o la solución de agua y alcohol isopropílico. Limpia suavemente en movimientos circulares. No apliques demasiado líquido; el paño debe estar solo ligeramente húmedo.

4. **Secado:** Si hay humedad visible, usa un paño seco para eliminarla.

Limpieza del Cuerpo:

1. **Superficies Externas:** Usa el mismo paño y solución para limpiar el cuerpo de la tablet o iPad, prestando atención a los bordes y puertos.

2. **Puertos y Ranuras:** Utiliza un palillo de dientes o un cepillo de dientes suave para limpiar residuos en los puertos, pero hazlo con cuidado para no dañar los contactos internos.

3. **Cámaras y Sensores:** Limpia con cuidado, evitando aplicar líquido directamente sobre ellos.

Reset y Actualización de Software

• **Herramientas Necesarias:** Acceso a internet para actualizaciones, respaldo de datos recomendado.

Reset:

1. **Backup de Datos:** Antes de realizar cualquier reset, asegúrate de tener un respaldo de tus datos, ya sea a través de iCloud, Google Drive, o manualmente.

2. **Soft Reset:** Para problemas menores, empieza con un reinicio forzado:

   - Para iPads con botón de inicio: Presiona y sostén el botón de inicio y el botón superior al mismo tiempo hasta que veas el logo de Apple.

   - Para iPads sin botón de inicio (iPad Pro, iPad Air 4 y posteriores): Presiona y suelta rápidamente el botón de subir volumen, luego el de bajar volumen, y luego presiona y sostén el botón superior hasta que aparezca el logo de Apple.

3. **Reset de Fábrica:** Si el problema persiste, considera un reset de fábrica:

   - Ve a **Ajustes > General > Restablecer > Borrar Contenido y Ajustes**. Introduce tu código de acceso si es requerido y confirma el borrado.

Actualización de Software:

1. **Verificación de Actualizaciones:** Ve a **Ajustes > General > Actualización de Software**. Si hay una actualización disponible, sigue las instrucciones para descargarla e instalarla.

2. **Conexión a Internet:** Asegúrate de tener una conexión a internet estable, ya que las actualizaciones pueden ser grandes.

3. **Backup:** Antes de actualizar, es recomendable hacer un respaldo de tus datos.

4. **Actualización a través de iTunes (o Finder en macOS Catalina o posterior):** Si prefieres actualizar a través de una computadora, conecta tu iPad, abre iTunes o Finder, y selecciona tu dispositivo. Desde allí, puedes optar por buscar actualizaciones.

Recuerda que las actualizaciones de software pueden mejorar el rendimiento, la seguridad y corregir errores. Realizar un reset de fábrica debe ser considerado solo cuando otros métodos no resuelven el problema, debido a la pérdida de datos que implica.

Reparaciones Básicas

Sustitución de Pantalla

- **Herramientas Necesarias:** Destornillador Phillips, espátula de apertura, pinzas, cinta de Kapton, pegamento para pantallas (si es necesario), nueva pantalla compatible.

- **Procedimiento:**

  1. **Preparación:**

     - Apaga el dispositivo y, si es posible, descarga la batería.

     - Si tienes un iPad con Touch ID, ten en cuenta que este sensor podría no funcionar después de reemplazar la pantalla si no es un repuesto oficial de Apple.

  2. **Apertura del Dispositivo:**

     - Retira los tornillos de la cubierta trasera (si aplica).

     - Usa la espátula de apertura para separar el panel frontal del cuerpo, teniendo cuidado con los clips de plástico y los cables internos.

3. **Desconectar la Pantalla:**

   - Localiza y desconecta los cables de la pantalla, especialmente los de la digitación y el LCD. Algunos iPads tienen más de un conector, asegúrate de desconectarlos todos.

4. **Retirar la Pantalla Vieja:**

   - Ten cuidado con el pegamento o adhesivo que pueda estar sujetando la pantalla. Usa calor si es necesario para ablandar el adhesivo.

   - Levanta la pantalla vieja con cuidado, evitando dañar los cables o el cuerpo del dispositivo.

5. **Instalación de la Nueva Pantalla:**

   - Si es necesario, aplica nuevo adhesivo al marco de la nueva pantalla.

   - Conecta los cables a la nueva pantalla, asegurándote de que estén bien colocados.

   - Ajusta la nueva pantalla en su lugar, presionando firmemente para asegurar el pegado.

6. **Reensamblaje y Prueba:**

   - Vuelve a colocar cualquier tornillo o pieza que hayas retirado.

   - Enciende el dispositivo y verifica que la pantalla funcione correctamente.

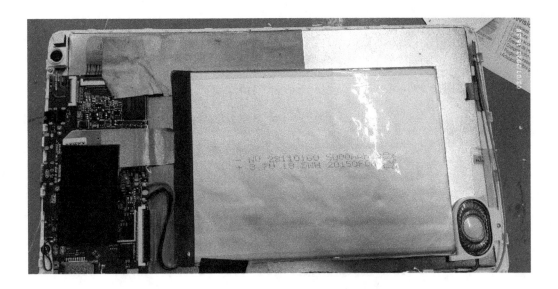

Reemplazo de Batería

- **Herramientas Necesarias:** Destornillador, espátula de apertura, pinzas, cinta de Kapton, batería nueva compatible.

- **Procedimiento:**

    1. **Preparación:**

        - Apaga el iPad o Tablet y, si es posible, descarga la batería al menos parcialmente para reducir riesgos.

    2. **Acceso a la Batería:**

        - Abre el dispositivo como se describió en la sustitución de pantalla para acceder a la batería.

        - En muchos modelos, la batería está adherida con pegamento fuerte, así que puede requerir el uso de calor para ablandar este adhesivo.

    3. **Desconectar la Batería:**

        - Localiza el conector de la batería y desconéctalo con cuidado usando una espátula o herramienta de apertura. No uses fuerza excesiva.

4. **Retirar la Batería Vieja:**

- Usa la espátula para levantar la batería suavemente, moviéndola alrededor para despegarla del adhesivo sin dañar el cuerpo del dispositivo.

- Si hay mucho adhesivo, aplica calor gradualmente desde el exterior hacia el centro.

5. **Instalación de la Nueva Batería:**

- Asegúrate de que el área donde se colocará la nueva batería esté limpia de residuos de pegamento.

- Coloca la nueva batería en su lugar, asegurándote de alinear correctamente los conectores.

- Conecta el nuevo conector de la batería.

6. **Reensamblaje y Prueba:**

- Vuelve a ensamblar el dispositivo siguiendo los pasos inversos al desmontaje.

- Enciende el dispositivo y verifica la duración de la batería y la carga.

Notas Importantes:

- Las reparaciones en iPads y algunas tablets pueden ser complejas debido al uso de adhesivos y la integración de componentes.

- Asegúrate de que las piezas de repuesto sean compatibles, especialmente si mantienes funciones como Touch ID o Face ID.

- El reemplazo de pantallas y baterías puede anular garantías si no se realiza por un centro de servicio autorizado.

- Las guías específicas pueden variar según el modelo, por lo que es crucial consultar manuales o guías de reparación para tu dispositivo exacto antes de proceder.

Diagnóstico de Problemas

Problemas de Touchscreen

- **Síntomas:** La pantalla no responde al toque, responde de manera errática, o solo funciona en ciertas áreas.

- **Posibles Causas:**

  - Suciedad o residuos en la pantalla.

  - Daño físico en el panel táctil.

  - Problemas de software o calibración.

  - Conector de pantalla suelto o dañado.

- **Soluciones:**

  1. **Limpieza:** Limpia la pantalla siguiendo las instrucciones de la sección de mantenimiento básico para asegurarte de que no hay obstrucciones físicas.

  2. **Reinicio Suave:** Realiza un reinicio forzado (ver sección de reset y actualización de software) para resolver problemas temporales.

  3. **Calibración:** Algunos dispositivos permiten la recalibración de la pantalla táctil a través de las configuraciones o mediante aplicaciones de terceros.

  4. **Actualización de Software:** Asegúrate de que el sistema operativo esté actualizado, ya que las actualizaciones pueden incluir mejoras en la detección táctil.

  5. **Inspección de Hardware:** Si la pantalla está físicamente dañada, considera la sustitución. Revisa también si el conector de la pantalla está bien conectado (esto podría requerir abrir el dispositivo).

6. **Restauración de Fábrica:** Como último recurso, realiza un reset de fábrica, pero asegúrate de tener un respaldo de tus datos primero.

Problemas de Conectividad

- **Síntomas:** Problemas al conectarse a Wi-Fi, Bluetooth, datos móviles (en caso de tablets con SIM), o fallos en la sincronización con otros dispositivos.

- **Posibles Causas:**

  - Problemas de red o señal débil.

  - Configuración incorrecta de red o dispositivos.

  - Problemas de hardware en la antena o módulos de conectividad.

  - Conflictos de software o settings corruptos.

- **Soluciones:**

Wi-Fi:

1. **Reinicio:** Reinicia el dispositivo y el router.

2. **Olvida la Red:** En los ajustes de Wi-Fi, olvida la red y vuelve a conectarte introduciendo la contraseña de nuevo.

3. **Actualización de Firmware:** Asegúrate de que tanto el dispositivo como el router tengan el firmware actualizado.

4. **Verifica la Señal:** Asegúrate de estar lo suficientemente cerca del router y que no haya obstáculos.

Bluetooth:

1. **Desactivar/Reactivar:** Apaga y vuelve a encender el Bluetooth en ambos dispositivos.

2. **Desemparejar/Reemparejar:** Olvida el dispositivo Bluetooth y empareja de nuevo.

3. **Actualización:** Verifica si hay actualizaciones disponibles para el dispositivo Bluetooth o para el software del iPad/tablet.

4. **Interferencia:** Asegúrate de que no haya interferencias de otros dispositivos electrónicos.

Datos Móviles (Tablets con SIM):

1. **Reinicio:** Reinicia el dispositivo.

2. **Configuración de APN:** Verifica y ajusta la configuración de APN según las especificaciones de tu proveedor de servicios.

3. **Señal:** Comprueba si hay cobertura en tu área.

4. **SIM:** Asegúrate de que la tarjeta SIM esté correctamente insertada y no dañada.

General:

1. **Modo Avión:** Activa y desactiva el modo avión para restablecer las conexiones de red.

2. **Actualización de Software:** Asegúrate de que el sistema operativo está al día.

3. **Restablecer Ajustes de Red:** En los ajustes, busca una opción para restablecer las configuraciones de red. Esto puede resolver muchos problemas de conectividad, aunque tendrás que volver a introducir contraseñas Wi-Fi.

Recuerda que, si después de intentar estas soluciones el problema persiste, podría ser necesario un chequeo de hardware por un técnico especializado, especialmente si sospechas de daños físicos o fallos internos significativos.

7. Otros Dispositivos

Smartphones

Limpieza de Puertos y Altavoces

- **Herramientas Necesarias:** Pinzas, palillo de dientes, aire comprimido, cepillo de dientes suave, alcohol isopropílico al 70%, paño de microfibra.

- **Procedimiento:**

Limpieza de Puertos:

1. **Apaga el Teléfono:** Para evitar cualquier daño accidental.

2. **Inspección:** Mira dentro de los puertos (carga, auriculares, SIM, etc.) para identificar suciedad o residuos.

3. **Uso de Aire Comprimido:** Usa aire comprimido para soplar suavemente dentro de los puertos. Mantén el teléfono en una posición donde los residuos salgan fácilmente.

4. **Para Suciedad Persistente:** Usa un palillo de dientes o pinzas para quitar residuos visibles, pero hazlo con mucha precaución para no dañar los contactos internos.

5. **Alcohol Isopropílico:** Si es necesario, humedece ligeramente un palillo de dientes con alcohol isopropílico y limpia con cuidado los contactos metálicos. Deja que se seque completamente antes de usar el puerto.

Limpieza de Altavoces:

1. **Revisión:** Comprueba si hay polvo o suciedad en la rejilla de los altavoces.

2. **Aire Comprimido:** Aplica aire comprimido directamente sobre la rejilla para expulsar el polvo.

3. **Cepillo Suave:** Para suciedad más pegada, usa un cepillo de dientes suave para limpiar suavemente entre las rejillas. No presiones demasiado para no dañar el altavoz.

4. **Secado:** Asegúrate de que no haya humedad si usaste algún limpiador líquido cerca de los altavoces.

Cambio de Pantalla

- **Herramientas Necesarias:** Destornillador Phillips, destornillador de precisión (Pentalobe para iPhones), espátula de apertura, pinzas, cinta de Kapton, nueva pantalla compatible, pegamento o adhesivo para pantallas (si es necesario).

- **Procedimiento:**

  1. **Preparación:**

     - Apaga el teléfono. Para iPhones, considera si tienes un código de bloqueo, ya que podrías necesitarlo después del reemplazo si la pantalla incluye el sensor de huellas dactilares.

     - Si tu smartphone tiene una batería removible, sácala para evitar cortocircuitos.

  2. **Apertura del Teléfono:**

     - Retira los tornillos de la parte inferior del teléfono (si aplica, especialmente en iPhones).

     - Usa la espátula de apertura para separar el panel frontal del cuerpo, teniendo cuidado con los clips y cables.

  3. **Desconectar la Pantalla:**

     - Localiza y desconecta cuidadosamente los conectores de la pantalla (digitación, LCD, etc.). Algunos smartphones tienen múltiples conectores; asegúrate de desconectar todos.

4. **Retirar la Pantalla Vieja:**

   - Calienta suavemente alrededor del borde de la pantalla con una pistola de calor o secador de pelo para ablandar el adhesivo (si es necesario).

   - Levanta la pantalla con cuidado, evitando dañar los cables o el cuerpo del teléfono.

5. **Instalación de la Nueva Pantalla:**

   - Si tu modelo requiere adhesivo, aplica el nuevo adhesivo a la nueva pantalla o al marco donde se asentará.

   - Conecta los cables a la nueva pantalla, asegurándote de que estén bien colocados.

   - Coloca la nueva pantalla en su lugar y asegúrala presionando firmemente para que el adhesivo haga contacto.

6. **Reensamblaje y Prueba:**

   - Reemplaza cualquier tornillo o pieza que hayas retirado.

   - Enciende el teléfono y verifica que la pantalla funcione correctamente, incluyendo el touch si aplica.

Notas Importantes:

- El reemplazo de pantallas puede ser complejo, especialmente en modelos donde la pantalla está fuertemente adherida o integrada con componentes como Touch ID o Face ID.

- Asegúrate de usar repuestos de buena calidad para mantener la funcionalidad y evitar daños adicionales.

- La reparación podría anular la garantía, y en algunos casos, funciones como el reconocimiento facial o de huellas dactilares pueden no funcionar si no se usa una pantalla original o no calibrada adecuadamente.

Dispositivos de Almacenamiento Externo

Formateo y Recuperación de Datos

- **Herramientas Necesarias:** Computadora con acceso a herramientas de formateo y recuperación de datos, software de recuperación (p.ej., Recuva, EaseUS Data Recovery, Disk Drill).

Formateo:

1. **Backup:** Antes de formatear, asegúrate de tener un respaldo de todos los datos importantes.

2. **Selección del Formato:** Decide el sistema de archivos (FAT32, exFAT, NTFS para Windows; HFS+ o APFS para macOS).

3. **Procedimiento en Windows:**
   - Conecta el dispositivo.
   - Ve a **Este equipo/Explorador de archivos**, haz clic derecho en el dispositivo externo y selecciona **Formatear**.
   - Elige el sistema de archivos, la etiqueta del volumen, y si deseas un formateo rápido.

4. **Procedimiento en macOS:**
   - Conecta el dispositivo.
   - Abre **Utilidad de Discos**, selecciona el dispositivo externo en la barra lateral.

- Haz clic en **Borrar**, selecciona el formato y el esquema de partición, luego confirma.

5. **Atención:** Un formateo rápido solo elimina la tabla de asignación de archivos, mientras que un formateo completo reescribe todos los sectores y puede ser más seguro pero toma más tiempo.

Recuperación de Datos:

1. **Detener el Uso:** Deja de usar el dispositivo inmediatamente después de notar la pérdida de datos para minimizar la sobrescritura.

2. **Recuperación de Software:**

   - Instala y ejecuta un software de recuperación de datos.

   - Selecciona el dispositivo desde donde recuperarás los datos y sigue las instrucciones del software para escanear y recuperar archivos.

3. **Consejos:**

   - No guardes los archivos recuperados en el mismo dispositivo de donde los estás recuperando.

   - Si la recuperación no tiene éxito, considera ayuda profesional, especialmente si el dispositivo está dañado físicamente.

Limpieza y Mantenimiento

- **Herramientas Necesarias:** Paño de microfibra, alcohol isopropílico, aspiradora de aire comprimido, limpiador de contactos electrónicos, destornillador (para discos duros externos con carcasas desmontables).

Limpieza Externa:

1. **Superficies:** Usa un paño de microfibra ligeramente humedecido con alcohol isopropílico para limpiar la carcasa. Evita que el líquido entre en puertos o aberturas.

2. **Puertos USB:** Usa un poco de aire comprimido o un palillo de dientes para limpiar el puerto USB, pero con cuidado para no dañar los pines internos.

Mantenimiento de Discos Duros Externos:

1. **Desmontaje (si aplicable):** Si la carcasa del disco duro externo puede abrirse para mantenimiento, hazlo según las instrucciones del fabricante.

2. **Limpieza Interna:**

   o Usa aire comprimido para quitar el polvo del interior, especialmente alrededor de los componentes del disco duro.

   o Si hay acumulación de suciedad, usa un pincel suave para retirarla.

3. **Reensamblaje:** Asegúrate de que todo esté bien cerrado para evitar entrada de polvo.

Mantenimiento General:

- **Verificación de Conexiones:** Asegúrate de que los cables estén en buen estado y bien conectados.

- **Actualización de Firmware:** Algunos dispositivos permiten actualizaciones de firmware que pueden mejorar el rendimiento o la seguridad.

- **Pruebas de Integridad:** Usa herramientas como chkdsk en Windows o First Aid en macOS para verificar y reparar errores en el sistema de archivos.

- **Almacenamiento Adecuado:** Mantén los dispositivos en un entorno limpio, fresco y seco para prolongar su vida útil.

Recuerda que la manipulación de dispositivos de almacenamiento debe hacerse con cuidado, ya que son susceptibles a daños físicos y errores lógicos. La prevención, a través del mantenimiento regular y el uso adecuado, es clave para mantener su funcionalidad y durabilidad.

8. Software y Seguridad

Instalación y Actualización de Sistemas Operativos

- **Herramientas Necesarias:** Medios de instalación (USB, DVD), acceso a internet, respaldo de datos.

Instalación:

1. **Backup de Datos:** Antes de cualquier instalación, asegúrate de respaldar tus datos.

2. **Descargar el Sistema Operativo:** Visita el sitio oficial del SO para descargar la última versión o una versión específica que necesites.

3. **Crear Medio de Instalación:**

   - Para Windows, usa la herramienta de creación de medios de Microsoft para preparar un USB o DVD.

   - Para macOS, puedes usar el asistente de instalación o crear un USB de arranque con herramientas como DiskMaker X.

4. **Iniciar Instalación:**

   - Conecta el medio de instalación y reinicia el equipo, entrando al menú de arranque (BIOS/UEFI) para seleccionar el dispositivo de instalación.

- Sigue las instrucciones en pantalla para elegir la partición, formatearla si es necesario, y proceder con la instalación.

5. **Configuración Post-Instalación:** Configura las opciones básicas como la cuenta de usuario, zona horaria, etc.

Actualización:

- **Windows:** Ve a **Configuración > Actualización y seguridad > Windows Update** y busca actualizaciones disponibles.

- **macOS:** Ve a **Preferencias del Sistema > Actualización de Software** para verificar y descargar actualizaciones.

- **Linux:** Usa el gestor de paquetes de tu distribución (apt-get para Ubuntu, dnf para Fedora, etc.) para actualizar el sistema.

Protección contra Malware

- **Herramientas Necesarias:** Software antivirus/antimalware, firewall, buena práctica de navegación.

Instalación de Software de Seguridad:

1. **Seleccionar Software:** Opta por soluciones reconocidas como Windows Defender, Avast, Malwarebytes, o Norton.

2. **Instalación:** Descarga e instala el software siguiendo las instrucciones del proveedor.

3. **Configuración:** Asegúrate de que las actualizaciones automáticas y los escaneos periódicos estén habilitados.

Prácticas de Seguridad:

- o **Actualizaciones Regulares:** Mantén tu sistema operativo y software actualizado para parchear vulnerabilidades.

- o **Navegación Segura:** Evita sitios sospechosos, no abras archivos adjuntos de correos de desconocidos, y usa HTTPS donde sea posible.

- o **Firewall:** Configura y mantén activado el firewall tanto a nivel de sistema como de red.

Copias de Seguridad y Recuperación

- **Herramientas Necesarias:** Dispositivos de almacenamiento externo, software de respaldo (Time Machine para macOS, Windows Backup, o soluciones de terceros como Acronis o Backblaze), servicios de almacenamiento en la nube (Google Drive, Dropbox).

Realizar Copias de Seguridad:

1. **Definir Estrategia:** Decide qué datos respaldar (documentos, fotos, configuraciones de sistema), con qué frecuencia y a dónde (disco externo, nube).

2. **Uso de Software:**

   - o Para Windows, usa la herramienta de copias de seguridad o software externo para programar respaldos.

   - o En macOS, Time Machine es una opción integrada para backups automáticos.

   - o Para Linux, puedes usar rsync, Deja Dup, o soluciones más avanzadas.

3. **Almacenamiento en la Nube:** Considera servicios de nube para un respaldo adicional fuera del sitio.

Recuperación de Datos:

- **Restauración desde Respaldo:** Si has perdido datos o necesitas revertir cambios, usa tu software de respaldo para restaurar desde el punto de respaldo deseado.

- **Recuperación del Sistema:** En caso de fallos graves, puedes restaurar todo el sistema desde una copia de seguridad completa o usar imágenes de sistema.

- **Recuperación de Archivos:** Para archivos específicos, simplemente restaura esos archivos desde tu respaldo.

Consejos Adicionales:

- **Prueba de Recuperación:** Regularmente, prueba la recuperación de datos para asegurarte de que tus backups son funcionales.

- **3-2-1 Regla de Backup:** Mantén tres copias de tus datos, en dos formatos diferentes (local y en la nube), y al menos una fuera de sitio.

La seguridad y el mantenimiento del software son fundamentales para proteger tus datos y mantener tu sistema operativo en óptimas condiciones de funcionamiento.

9. Recursos Adicionales

Glosario de Términos

- **Propósito:** Proporcionar claridad y comprensión sobre la terminología técnica que se utiliza en el manual.

- **Ejemplos de Entradas:**

  - **BIOS (Basic Input/Output System):** Software que controla las funciones básicas de una computadora al iniciar y gestionar el hardware.

  - **SSD (Solid State Drive):** Unidad de almacenamiento que utiliza circuitos integrados para almacenar datos de forma persistente, sin partes móviles.

  - **Firmware:** Software de bajo nivel que controla el funcionamiento de un dispositivo electrónico.

  - **Tóner:** Polvo fino utilizado en impresoras láser para formar el texto e imágenes en el papel.

  - **Digitación:** La parte de un dispositivo táctil que detecta el toque humano.

Proveedores de Piezas y Herramientas

- **Objetivo:** Ayudar a los usuarios a localizar dónde pueden adquirir repuestos y herramientas necesarias para el mantenimiento y reparación.

- **Lista de Proveedores:**

  - **iFixit:** Conocido por sus kits de reparación y piezas para una amplia gama de dispositivos electrónicos.

  - **Amazon:** Gran variedad de piezas y herramientas, desde destornilladores especializados hasta componentes de PC.

- o **eBay:** Buen lugar para encontrar piezas usadas o nuevas a precios competitivos, pero ten cuidado con la calidad y compatibilidad.

- o **Newegg:** Especializado en componentes de PC y herramientas para montaje y reparación.

- o **AliExpress:** Para piezas y herramientas a precios más bajos, pero considera los tiempos de envío y la calidad variable.

- o **Proveedores Locales:** Ferreterías, tiendas de electrónica, y servicios técnicos que pueden ofrecer piezas y asesoramiento personalizado.

Foros y Comunidades de Soporte

- **Beneficio:** Acceso a conocimiento colectivo, soluciones de problemas comunes, y la oportunidad de hacer preguntas específicas a una comunidad de entusiastas y profesionales.

- **Comunidades Destacadas:**

  - o **Reddit:**

    - r/techsupport: Para preguntas generales de soporte técnico.

    - r/buildapc: Comunidad para consejos sobre construcción y reparación de PCs.

    - r/applehelp: Asistencia específica para productos Apple.

  - o **Stack Exchange:** Sitios como Super User para preguntas técnicas generales y Ask Different para consultas sobre Apple.

  - o **Foros de Fabricantes:** Como los de HP, Dell, Lenovo, donde puedes encontrar ayuda específica para modelos de esos fabricantes.

  - o **iFixit Answers:** Preguntas y respuestas enfocadas en reparaciones de dispositivos electrónicos.

- Tom's Hardware Forum: Excelente para soporte de hardware de PC y componentes.

- **XDA Developers:** Especializado en modificaciones de software para smartphones, pero también cubre hardware.

Consejos para Usar Recursos Adicionales:

- Siempre verifica la reputación del proveedor antes de comprar piezas, especialmente en mercados en línea.

- En comunidades, busca respuestas de usuarios con reputación establecida o moderadores para garantizar la precisión de la información.

- Mantén siempre la seguridad en mente; no compartas información personal y ten cuidado con enlaces externos en foros o comunidades.

Estos recursos adicionales deberían complementar el manual, proporcionando puntos de apoyo para el aprendizaje continuo, adquisición de piezas y herramientas, y resolución de problemas específicos que puedan surgir durante la reparación y mantenimiento de dispositivos electrónicos.

10. Anexos

Diagramas de Desmontaje para Modelos Comunes

- **Propósito:** Proporcionar guías visuales paso a paso para facilitar el desmontaje y montaje de dispositivos electrónicos populares, ayudando a evitar errores y daños durante el proceso de reparación.

Inclusión de Diagramas:

- **Laptops:**
    - **Dell XPS 13**
    - **HP Pavilion x360**
    - **Lenovo ThinkPad T480**
    - **MacBook Air/Pro (especificar modelo según año y generación para precisión)**
- **PCs de Escritorio:**
    - **HP Pavilion Desktop**
    - **Dell OptiPlex**
    - **Asus ROG (Gaming PCs)**
- **Smartphones:**
    - **iPhone X, iPhone 11, etc.**
    - **Samsung Galaxy S9, S20, etc.**
    - **Google Pixel 3, Pixel 5, etc.**
- **Tablets:**
    - **iPad Air 2, iPad Pro**
    - **Samsung Galaxy Tab S6**

- **Impresoras:**
  - **HP LaserJet Pro**
  - **Epson EcoTank**
  - **Canon PIXMA**

Contenido de los Diagramas:

- **Número de Pasos:** Cada diagrama debe detallar el proceso en varios pasos.
- **Ilustraciones:** Imágenes claras mostrando cada paso, con etiquetas para tornillos, cables, y componentes críticos.
- **Notas Importantes:** Advertencias sobre componentes delicados, cómo manejar adhesivos, y cualquier precaución especial.

Tablas de Especificaciones Técnicas

- **Objetivo:** Proveer un resumen rápido de las especificaciones básicas de hardware para los mismos modelos mencionados en los diagramas, asistiendo a los usuarios en la identificación de piezas y en la toma de decisiones de actualización o reparación.

Estructura de las Tablas:

- **Encabezados de Columnas:**
  - Modelo
  - Año de Lanzamiento
  - Procesador
  - Memoria RAM (Capacidad Máxima)
  - Almacenamiento (Tipo y Capacidad)

- o Batería (Capacidad en mAh para portátiles y móviles)

- o Pantalla (Tamaño y Resolución)

- o Conectividad (Puertos disponibles, soporte para Wi-Fi, Bluetooth, etc.)

- o Sistema Operativo (Versión original y última compatible)

Ejemplo de Tabla para Laptops:

Modelo	Año	Procesador	RAM (Max)	Almacenamiento	Batería (mAh)	Pantalla	Conectividad	SO Original (Última Compatibilidad)
Dell XPS 13	2020	Intel i7-1065G7	16GB	1TB SSD	52Wh	13.4" 3K	USB-C, Thunderbolt 3, Wi-Fi 6, BT 5.0	Windows 10 (Windows 11)
MacBook Air	2020	M1	16GB	2TB SSD	49.9Wh	13.3" 2560x1600	2x USB4/Thunderbolt 3, Wi-Fi 6, BT 5.0	macOS Big Sur (macOS Sonoma)

Notas sobre las Tablas:

- Mantén las especificaciones actualizadas según sea posible, pero ten en cuenta que la tecnología cambia rápidamente.

- Incluye solo las especificaciones más relevantes para el mantenimiento y la reparación.

- Si hay múltiples variantes de un modelo, considera mencionar las especificaciones de la versión base y hacer una nota de las posibles variaciones.

Consejos para el Uso de los Anexos:

- Utiliza los diagramas y tablas como referencia antes de iniciar cualquier trabajo de desmontaje o actualización.

- Asegúrate de que los diagramas sean lo suficientemente detallados para guiar al usuario sin experiencia, pero también útiles para alguien con conocimientos avanzados.

- Las especificaciones técnicas pueden ayudar a determinar si una pieza de repuesto o una actualización es compatible con tu dispositivo.

Estos anexos deben ser considerados como herramientas valiosas para complementar el contenido principal del manual, ofreciendo una referencia rápida y visual para procedimientos y datos técnicos específicos.

Aquí tienes una guía paso a paso para verificar tu computadora antes de acudir a un centro de servicio técnico:

Paso 1: Evaluación Inicial

- **Encendido:** Intenta encender la computadora. Si no arranca, ve al paso 2. Si arranca pero no funciona correctamente, sigue con los siguientes pasos.

Paso 2: Problemas de Encendido

- **Revisa la Fuente de Poder:** Asegúrate de que el cable de alimentación esté bien conectado en ambos extremos (en la computadora y en la toma de corriente). Prueba con otro enchufe o cable si es posible.

- **Botón de Encendido:** Verifica que el botón de encendido funcione. A veces, el botón puede estar atascado o defectuoso.

Paso 3: Diagnóstico de Problemas Visibles

- **Pantalla:** Si la computadora enciende pero no hay imagen en la pantalla, revisa la conexión del cable VGA, HDMI, o cualquier otro que uses. Prueba con otro monitor si tienes uno disponible.

- **Indicadores LED:** Presta atención a los LEDs en la motherboard o en la parte frontal de la carcasa, pueden indicar problemas específicos.

Paso 4: Comprobaciones Básicas de Hardware

- **Memoria RAM:** Si la computadora no inicia o se reinicia aleatoriamente, intenta sacar y volver a colocar la RAM. Si tienes más de un módulo, prueba con uno solo.

- **Disco Duro:** Escucha si el disco duro se inicia; si no, podría ser una señal de fallo. Si puedes entrar al BIOS, revisa si detecta el disco duro.

- **Ventiladores:** Comprueba que los ventiladores funcionen correctamente para descartar problemas de sobrecalentamiento.

Paso 5: Diagnóstico de Software

- **Arranque en Modo Seguro:** Si la computadora arranca, intenta iniciar en modo seguro para ver si el problema persiste (esto puede indicar un conflicto de software).

- **Antivirus:** Ejecuta un escaneo rápido con tu software antivirus para detectar malware que pueda estar causando problemas.

Paso 6: Pruebas de Funcionalidad

- **Puertos y Periféricos:** Prueba los puertos USB, audio, y otros periféricos para ver si funcionan correctamente.

- **Prueba de Componentes:** Si tienes piezas de repuesto (como RAM o tarjeta gráfica), intenta intercambiarlas para diagnosticar si el problema está en un componente específico.

Paso 7: Backup y Preparación para el Servicio Técnico

- **Backup de Datos:** Si puedes acceder al sistema, haz un respaldo de tus datos importantes.

- **Registro de Problemas:** Anota todos los síntomas y pasos que has realizado. Esto puede ser muy útil para el técnico.

Paso 8: Decisión de Servicio

- **Evaluación Final:** Si después de estos pasos el problema persiste y no puedes solucionarlo, entonces es hora de llevar tu computadora a un centro de servicio técnico.

Paso 9: Información para el Técnico

- **Detalles del Problema:** Proporciona toda la información que has recopilado sobre el problema al técnico. Esto puede reducir el tiempo de diagnóstico y reparación.

Siguiendo estos pasos, tendrás una idea más clara del problema y podrás comunicarlo mejor al técnico, lo que podría resultar en una reparación más eficiente.

Problemas de sobrecalentamiento

Respuesta

Aquí tienes una guía paso a paso para abordar problemas de sobrecalentamiento en tu computadora antes de acudir a un centro de servicio técnico:

Paso 1: Identificación de Sobrecalentamiento

- **Indicadores:** Busca signos de sobrecalentamiento como apagados repentinos, ralentización del sistema, ruidos inusuales de los ventiladores o mensajes de advertencia en pantalla.

- **Software de Monitoreo:** Utiliza programas como HWMonitor, Core Temp, o Speccy para revisar las temperaturas de la CPU, GPU y otros componentes.

Paso 2: Limpieza Física

- **Desconectar:** Apaga y desenchufa completamente la computadora.

- **Apertura del Gabinete:** Abre la carcasa de la computadora.

- **Limpieza:** Usa aire comprimido para limpiar el polvo acumulado en los ventiladores, radiadores, filtros de aire y cualquier otra parte donde se pueda acumular suciedad. Ten cuidado con la estática.

Paso 3: Verificación de Ventilación

- **Posicionamiento:** Asegúrate de que la computadora esté en un lugar bien ventilado, no bloqueada por objetos que obstruyan el flujo de aire.

- **Ventiladores:** Comprueba que todos los ventiladores estén funcionando correctamente. Reemplaza o repara cualquier ventilador defectuoso.

Paso 4: Gestión Térmica

- **Pasta Térmica:** Si tienes experiencia, considera reemplazar la pasta térmica de la CPU y GPU, que puede perder su eficacia con el tiempo.

- **Refrigeración:** Evalúa si el sistema de refrigeración actual es suficiente para tu hardware. Tal vez necesites un cooler de CPU mejor o una solución de refrigeración líquida.

Paso 5: Optimización de Software

- **Actualizaciones:** Asegúrate de que los controladores de tu hardware, especialmente de la tarjeta gráfica, estén actualizados.

- **Administrador de Tareas:** Usa el Administrador de Tareas (Windows) o Activity Monitor (Mac) para identificar si algún programa está consumiendo muchos recursos y provocando sobrecalentamiento.

- **Configuración de Energía:** Ajusta la configuración de energía para reducir el rendimiento cuando no sea necesario, lo que puede disminuir el calor generado.

Paso 6: Revisión de Hardware

- **Overclock:** Si has overclockeado tu CPU o GPU, considera volver a los ajustes de fábrica, ya que el overclocking aumenta la temperatura.

- **Componentes:** Si recientemente añadiste hardware nuevo, verifica que no haya problemas de compatibilidad o que no bloquee el flujo de aire.

Paso 7: Pruebas de Estabilidad

- **Stress Test:** Usa software como Prime95 (CPU) o FurMark (GPU) para realizar pruebas de estrés y ver si la temperatura se mantiene dentro de rangos seguros después de tus intervenciones.

Paso 8: Backup y Preparación para Servicio Técnico

- **Backup de Datos:** Realiza un respaldo de tus datos importantes.

- **Registro de Problemas:** Documenta todos los síntomas, las acciones que has tomado y las temperaturas observadas para informar al técnico.

Paso 9: Decisión de Servicio

- **Evaluación Final:** Si el sobrecalentamiento persiste después de estos pasos, probablemente necesites la ayuda de un profesional.

Paso 10: Información para el Técnico

- **Detalles del Problema:** Proporciona toda la información que has recopilado al técnico. Esto puede ayudar a identificar rápidamente la causa del sobrecalentamiento.

Siguiendo estos pasos, puedes tratar de resolver o mitigar los problemas de sobrecalentamiento por tu cuenta, pero si el problema continúa, es prudente buscar asistencia profesional.

cómo reemplazar pasta térmica

Respuesta

Reemplazar la pasta térmica es una tarea delicada que requiere atención al detalle. Aquí tienes una guía paso a paso para hacerlo:

Materiales Necesarios:

- **Pasta térmica nueva**: Asegúrate de que sea de buena calidad.

- **Alcohol isopropílico** (al menos 90% de pureza) para limpiar.

- **Toallas de papel o paño de microfibra limpio**.

- **Herramientas**: Destornillador (para abrir la carcasa y quitar el cooler), llaves de tuercas si tu sistema de enfriamiento usa clips o tornillos especiales.

- **Guantes de látex** (opcional, para evitar dejar huellas dactilares).

Paso a Paso:

1. Preparación

- **Apaga y desconecta tu PC**: Asegúrate de que no haya corriente eléctrica.

- **Quita la estática**: Toca una superficie metálica conectada a tierra para descargarte de electricidad estática.

2. Acceso al Procesador

- **Abre la carcasa**: Retira los tornillos o los clips que sujetan la carcasa y quita la tapa.

- **Desconecta el cooler**: Desconecta el cable de alimentación del ventilador del conector en la motherboard. Si es un cooler líquido, ten cuidado con los tubos.

3. Retirar el Cooler

- **Afloja el mecanismo de sujeción**: Puede variar según el tipo de cooler. Por lo general, hay clips, tornillos o una palanca que debes liberar.

- **Levanta el cooler con cuidado**: La pasta térmica puede actuar como adhesivo, así que levanta el cooler suavemente para no dañar el CPU o la base del cooler.

4. Limpieza

- **Limpia el CPU y el cooler**: Usa alcohol isopropílico y un paño limpio o toallas de papel para limpiar tanto la superficie del CPU como la base del cooler. Elimina toda la pasta térmica vieja.

- **Repite si es necesario**: Asegúrate de que no queden residuos. Puede ser necesario limpiar varias veces.

5. Aplicación de Nueva Pasta Térmica

- **Cantidad adecuada**: La cantidad de pasta térmica debe ser mínima. Un punto del tamaño de un grano de arroz es suficiente para la mayoría de los CPUs.

- **Aplicación**: Coloca la pasta en el centro del procesador. Si la pasta viene con aplicador, sigue las instrucciones del producto.

6. Reinstalación del Cooler

- **Monta el cooler**: Alinea y baja el cooler sobre el CPU, asegúrate de que la presión sea uniforme.

- **Asegura el cooler**: Vuelve a apretar los mecanismos de sujeción.

7. Conexión y Prueba

- **Vuelve a conectar el ventilador**: Conecta el cable de alimentación del ventilador a la motherboard.

- **Ensambla la carcasa**: Vuelve a colocar la tapa de la carcasa.

- **Enciende el PC**: Monitorea las temperaturas con un software de monitorización para asegurarte de que la temperatura del CPU haya bajado y esté dentro de los rangos normales.

Notas Finales:

- **No es necesario aplicar mucha pasta**; más no siempre es mejor y puede incluso disminuir la eficiencia térmica.

- **Si es tu primera vez**, puede ser útil ver tutoriales específicos para tu modelo de CPU y cooler.

- **Ten paciencia**: La pasta térmica puede tardar un poco en asentarse, por lo que las primeras lecturas de temperatura pueden no ser las definitivas.

Recuerda, si no te sientes cómodo haciendo esto, siempre es mejor optar por un profesional.

limpieza de computadora

Respuesta

La limpieza de una computadora es crucial para mantener su rendimiento y evitar problemas como el sobrecalentamiento. Aquí tienes una guía paso a paso para limpiar tu computadora:

Materiales Necesarios:

- **Aire comprimido** (lata de aire o compresor con un soplador de aire)
- **Cepillo suave** o cepillo de pintura para eliminar el polvo fino
- **Alcohol isopropílico** (al menos 90% de pureza) para limpiar superficies
- **Toallas de papel o paño de microfibra**
- **Bastoncillos de algodón** para detalles
- **Destornillador** para abrir la carcasa
- **Guantes de látex** (opcional, para evitar dejar huellas dactilares)

Paso a Paso:

1. Preparación

- **Apaga y desconecta la computadora**: Asegúrate de que no haya energía fluyendo.
- **Desconecta todos los periféricos**: Teclado, ratón, monitores, etc.
- **Descarga estática**: Toca una superficie metálica conectada a tierra para descargarte de electricidad estática.

2. Acceso al Interior

- **Abre la carcasa**: Retira los tornillos o los clips que sujetan la carcasa y quita la tapa.

3. Limpieza Externa

- **Teclado**: Voltéalo y sacude ligeramente para sacar las migajas. Usa aire comprimido para limpiar entre las teclas.

- **Ratón**: Abre el ratón si es posible y limpia con aire comprimido; limpia las superficies externas con un paño ligeramente humedecido en alcohol isopropílico.

- **Monitor**: Limpia la pantalla con un paño de microfibra y una solución de limpieza específica para pantallas o alcohol isopropílico.

4. Limpieza Interna

- **Uso de Aire Comprimido**: Sostén el bote de aire comprimido en posición vertical y sopla el polvo de los ventiladores, radiadores, tarjetas de expansión, y componentes de la motherboard. Mantén una distancia segura para evitar dañar componentes con el frío del aire.

- **Cepillo Suave**: Usa un cepillo para quitar polvo de lugares difíciles de alcanzar donde el aire comprimido no llega bien.

- **Ventiladores**: Limpia los ventiladores con cuidado, asegurándote de que se puedan mover libremente después de la limpieza.

- **Filtros de Polvo**: Si tu carcasa tiene filtros de polvo, lávalos con agua y déjalos secar completamente antes de volver a colocarlos.

5. Limpieza de Componentes Específicos

- **Puertos y Ranuras**: Usa bastoncillos de algodón ligeramente humedecidos en alcohol isopropílico para limpiar los puertos y ranuras de expansión.

- **CPU y GPU**: Si decides limpiar la pasta térmica, sigue las instrucciones específicas para este proceso.

6. Reensamblaje

- **Vuelve a montar todo**: Una vez limpio, asegúrate de que todos los componentes estén bien colocados y asegurados.

- **Conecta los periféricos**: Vuelve a conectar todo lo que habías desconectado.

7. Prueba de Funcionamiento

- **Enciende la computadora**: Observa si hay algún cambio en el rendimiento o ruido de los ventiladores.

Notas Finales:

- **Frecuencia de Limpieza**: Dependiendo del entorno, una limpieza cada 6 meses a un año es recomendable, pero si tu PC está en un ambiente polvoriento, quizás necesite más frecuencia.

- **Cuidado con la Humedad**: Evita que el alcohol isopropílico entre en contacto directo con componentes eléctricos; úsalo solo en superficies externas.

- **Seguridad Ante Todo**: Si no estás seguro de cómo proceder, es preferible buscar ayuda profesional para evitar dañar el equipo.

Recuerda, una limpieza regular puede prolongar la vida útil de tu computadora y mantenerla funcionando de manera óptima.

limpieza de teclado

Respuesta

Limpiar un teclado es esencial para mantener su funcionalidad y evitar la acumulación de suciedad que puede causar fallos en las teclas. Aquí tienes una guía paso a paso para limpiar tu teclado de manera efectiva:

Materiales Necesarios:

- **Aire comprimido** (lata de aire o compresor con soplador de aire)
- **Cepillo suave** o cepillo de pintura para eliminar el polvo fino
- **Alcohol isopropílico** (al menos 90% de pureza)
- **Toallas de papel o paño de microfibra**
- **Bastoncillos de algodón** para detalles
- **Un recipiente pequeño o bolsa de plástico** (para teclados desmontables)

Paso a Paso:

1. Preparación

- **Apaga y desconecta el teclado**: Si es un teclado USB, simplemente desconéctalo. Para teclados inalámbricos, quita o apaga la batería.
- **Desconecta todos los periféricos** para evitar daños accidentales.

2. Retirar el Polvo Superficial

- **Voltea el teclado**: Con cuidado, voltea el teclado boca abajo sobre una superficie limpia y sacúdelos ligeramente para que las migajas y el polvo caigan.

3. Uso de Aire Comprimido

- **Sopla con aire comprimido**: Manteniendo el bote en posición vertical, usa aire comprimido para soplar entre las teclas. Hazlo desde diferentes ángulos para asegurarte de cubrir todas las áreas. Esto ayudará a sacar el polvo y las partículas más pequeñas que están atascadas.

4. Limpieza de las Teclas

- **Teclados Desmontables**:
  - Si tu teclado permite quitar las teclas, utiliza una herramienta de extracción de teclas o un clip de papel para levantarlas suavemente. Coloca las teclas en un recipiente o bolsa de plástico para no perderlas.
  - Lava las teclas con agua y un poco de jabón líquido, luego sécalas completamente antes de volver a montar.

- **Teclados no Desmontables**:
  - Usa un cepillo suave para limpiar entre las teclas. Ten cuidado de no ser demasiado brusco para no dañar el mecanismo de las teclas.

5. Limpieza de la Superficie del Teclado

- **Alcohol Isopropílico**: Toma un paño de microfibra o toalla de papel ligeramente humedecida con alcohol isopropílico y limpia la superficie del teclado donde están las teclas. Esto eliminará grasa y manchas.

- **Bastoncillos de algodón**: Para detalles en los bordes de las teclas o en las ranuras, usa bastoncillos humedecidos en alcohol.

6. Secado y Reensamblaje

- **Secado**: Asegúrate de que todo esté completamente seco antes de volver a montar o usar el teclado. Esto puede tomar un tiempo, especialmente si lavaste las teclas.

- **Reensamblaje**: Si desmontaste las teclas, vuelve a colocarlas en su lugar correcto. Algunas teclas pueden tener formas específicas para evitar errores de montaje.

7. Prueba de Funcionamiento

- **Conecta el teclado**: Vuelve a enchufar o encender el teclado y pruébalo para asegurarte de que todas las teclas funcionan correctamente.

Notas Finales:

- **Frecuencia**: La limpieza profunda debería hacerse cada pocos meses, pero un sacudido y uso de aire comprimido puede ser más frecuente según el uso y el entorno.

- **Evita Líquidos Directos**: No viertas líquidos directamente sobre el teclado; usa paños o toallas ligeramente humedecidas.

- **Cuidado con la Estaticidad**: La electricidad estática puede dañar los componentes electrónicos, así que descárgate antes de manipular el teclado.

Una limpieza regular puede mejorar la experiencia de escritura y prolongar la vida útil de tu teclado.

limpieza de ratón

Respuesta

Limpiar un ratón es importante para mantener su precisión y durabilidad. Aquí tienes una guía paso a paso para limpiar tanto un ratón óptico como uno mecánico:

Materiales Necesarios:

- **Aire comprimido** (lata de aire o compresor con soplador de aire)
- **Alcohol isopropílico** (al menos 90% de pureza)
- **Toallas de papel o paño de microfibra**
- **Bastoncillos de algodón** para detalles
- **Cepillo suave** (opcional, para ratones mecánicos)

Paso a Paso:

1. Preparación

- **Desconecta el ratón**: Si es un ratón con cable, desconéctalo. Si es inalámbrico, apágalo o retira las baterías.
- **Apaga el equipo** para evitar movimientos accidentales del cursor.

2. Limpieza Externa

- **Cuerpo del Ratón**: Usa un paño de microfibra ligeramente humedecido con alcohol isopropílico para limpiar la parte superior y los costados del ratón. Esto eliminará manchas, huellas dactilares y residuos de grasa.

3. Limpieza del Sensor Óptico

- **Ratón Óptico**:

  - Usa aire comprimido para soplar suavemente el polvo acumulado sobre el sensor óptico. No toques directamente el sensor con nada más que aire comprimido para evitar rayarlo.

  - Si hay manchas, puedes usar un bastoncillo de algodón ligeramente humedecido con alcohol isopropílico, pero con mucho cuidado.

4. Limpieza de Ratones Mecánicos

- **Desmontar**: Si tienes un ratón mecánico y te sientes cómodo desmontándolo, abre el ratón (consulta el manual o tutoriales específicos para tu modelo).

- **Pelota de Seguimiento**: Quita la pelota y límpiala con agua y jabón, luego sécala bien.

- **Rodillos y Superficie Interior**: Usa el cepillo suave para limpiar los rodillos, y luego usa aire comprimido para eliminar cualquier resto de polvo. Puedes usar un paño de microfibra con alcohol para limpiar la superficie interna donde reposa la pelota.

5. Limpieza de Botones y Ranuras

- **Botones**: Limpia alrededor de los botones con un bastoncillo de algodón humedecido en alcohol isopropílico. Ten cuidado de no dejar que el líquido entre en el ratón.

- **Ranuras**: Usa el aire comprimido para eliminar polvo de las ranuras y bordes del ratón.

6. Secado

- **Secar Completamente**: Asegúrate de que todo esté completamente seco antes de volver a montar o usar el ratón. Esto es particularmente importante para ratones mecánicos después de limpiar la pelota.

7. Reensamblaje y Prueba

- **Reensamblaje**: Si desmontaste el ratón, asegúrate de volver a montar todo correctamente.

- **Conecta el Ratón**: Vuelve a enchufar o encender el ratón y prueba su funcionamiento. Verifica que el cursor se mueva con precisión y que todos los botones funcionen.

Notas Finales:

- **Frecuencia**: La limpieza del ratón debería hacerse regularmente, al menos una vez al mes dependiendo del uso.

- **Cuidado con Líquidos**: No viertas líquidos directamente sobre el ratón; usa paños o toallas humedecidas.

- **Electricidad Estática**: Descárgate antes de manejar el ratón para evitar dañar los componentes electrónicos.

Limpiar tu ratón regularmente no solo mejora su rendimiento sino que también puede prevenir problemas en el futuro.

limpieza de trackpad

Respuesta

Limpiar el trackpad de tu laptop o dispositivo es crucial para mantener su sensibilidad y precisión. Aquí tienes una guía paso a paso para hacerlo de manera efectiva:

Materiales Necesarios:

- **Alcohol isopropílico** (al menos 90% de pureza)

- **Toallas de papel o paño de microfibra**

- **Bastoncillos de algodón** para detalles

- **Aire comprimido** (opcional, para limpiar alrededor del trackpad)

Paso a Paso:

1. Preparación

- **Apaga tu dispositivo**: Esto evita movimientos del cursor o clics accidentales mientras limpias.

- **Desconecta cualquier periférico** conectado a tu dispositivo.

2. Limpieza Superficial

- **Quita el Polvo**: Usa aire comprimido si lo tienes, sopla suavemente alrededor del trackpad para eliminar cualquier partícula de polvo o migaja que pueda haber en el borde o en las ranuras.

3. Limpieza del Trackpad

- **Humedecer el Paño o Toalla**: Toma un paño de microfibra o una toalla de papel y humedécelo ligeramente con alcohol isopropílico. Es importante que el paño esté solo ligeramente húmedo, no empapado, para evitar que el líquido entre en el dispositivo.

- **Limpia el Trackpad**: Pasa suavemente el paño o la toalla sobre la superficie del trackpad en movimientos circulares o de barrido. Asegúrate de limpiar toda la superficie, incluidos los bordes donde se acumula la suciedad.

4. Detalles y Esquinas

- **Bastoncillos de Algodón**: Para los bordes, esquinas y cualquier parte delicada alrededor del trackpad, usa bastoncillos de algodón humedecidos con alcohol isopropílico. Esto te permitirá limpiar áreas donde el paño no llega fácilmente.

5. Secado

- **Dejar Secar**: Deja que el trackpad se seque completamente por sí solo antes de volver a encender el dispositivo. El alcohol isopropílico se evapora rápidamente, pero es crucial asegurarse de que no haya humedad para evitar daños en los componentes electrónicos.

6. Prueba de Funcionamiento

- **Enciende el Dispositivo**: Una vez que estés seguro de que el trackpad está completamente seco, enciende tu dispositivo y prueba el trackpad. Verifica que funcione correctamente, que la sensibilidad y la respuesta sean normales.

Notas Finales:

- **Frecuencia**: Dependiendo de cuánto uses tu dispositivo y del entorno, puede ser necesario limpiar el trackpad cada pocas semanas o al menos mensualmente.

- **Evita Líquidos Directos**: Nunca viertas líquidos directamente sobre el trackpad; el uso de un paño o toalla humedecida es la técnica más segura.

- **Cuidado con la Presión**: No apliques demasiada presión al limpiar para no dañar la superficie del trackpad o los sensores debajo de él.

- **Mantenimiento**: Considera limpiar también el área alrededor del trackpad para evitar que la suciedad se mueva hacia el mismo.

Mantener tu trackpad limpio no solo mejora la experiencia de uso sino que también puede evitar problemas de sensibilidad o respuesta a largo plazo.

limpieza de pantalla

Respuesta

Limpiar la pantalla de tu dispositivo, ya sea de un ordenador, monitor, laptop, tableta o teléfono, es esencial para mantener la claridad visual y prolongar la vida útil del panel. Aquí tienes una guía paso a paso para hacerlo correctamente:

Materiales Necesarios:

- **Paño de microfibra** (específico para lentes o pantallas)
- **Solución de limpieza para pantallas** o **alcohol isopropílico** (al menos 90% de pureza, diluido con agua destilada en partes iguales si se usa directamente)
- **Agua destilada** (si no tienes solución de limpieza específica)
- **Bastoncillos de algodón** (opcional, para detalles)

Paso a Paso:

1. Preparación

- **Apaga y desenchufa el dispositivo**: Esto evita daños por electricidad estática y te permite ver mejor las manchas y huellas dactilares en la pantalla.
- **Si es posible, desconecta cualquier periférico** para trabajar con más comodidad.

2. Eliminar Polvo

- **Usa el Paño Seco**: Comienza pasando un paño de microfibra seco por toda la pantalla para quitar el polvo superficial. Esto previene rayones al limpiar con un paño húmedo.

3. Limpieza con Solución

- **Prepara la Solución**: Si estás usando alcohol isopropílico, mézclalo con agua destilada en partes iguales. Si tienes una solución específica para pantallas, síguela según las instrucciones del fabricante.

- **Humedecer el Paño**: Ligeramente humedece el paño de microfibra con la solución. Es crucial que el paño esté solo ligeramente húmedo para evitar que el líquido se filtre dentro del dispositivo.

4. Limpiar la Pantalla

- **Limpieza en Movimiento Circular**: Usa el paño humedecido para limpiar la pantalla en movimientos circulares o de barrido suaves. Asegúrate de cubrir toda la superficie sin aplicar demasiada presión.

- **Esquinas y Bordes**: Para las esquinas y bordes donde el paño no llega bien, puedes usar bastoncillos de algodón humedecidos con la solución, pero solo si es necesario y con mucho cuidado.

5. Secado

- **Secado Final**: Pasa un paño de microfibra seco sobre la pantalla para eliminar cualquier resto de humedad y asegurarte de que no queden marcas o rayas.

6. Verificación

- **Inspección Visual**: Una vez seca la pantalla, enciende el dispositivo y observa la pantalla desde diferentes ángulos para asegurarte de que no haya manchas, huellas dactilares o rayas visibles.

Notas Finales:

- **Frecuencia**: Limpia tu pantalla según la necesidad, pero una limpieza semanal o quincenal es recomendable si usas el dispositivo diariamente.

- **Cuidado con los Productos**: No uses productos de limpieza comunes como limpiadores de vidrio con amoníaco, vinagre, o productos abrasivos, ya que pueden dañar los recubrimientos de la pantalla.

- **Evita el Papel**: No uses toallas de papel o pañuelos de papel, ya que pueden rayar la pantalla.

- **No Rocíes Directamente**: Nunca rocíes líquido directamente en la pantalla; siempre humedece el paño primero.

Mantener tu pantalla limpia no solo mejora la experiencia de visualización, sino que también puede ayudar a prevenir problemas a largo plazo como la acumulación de suciedad en los bordes o el desgaste del recubrimiento de la pantalla.

Tipos de Recubrimientos de Pantalla:

1. **Recubrimiento Oleofóbico:**

   - **Función**: Reduce la adhesión de aceites y grasas, como las huellas dactilares, facilitando su limpieza.

   - **Uso**: Común en smartphones y tablets para mantener la pantalla más limpia y clara.

   - **Durabilidad**: Con el tiempo y el uso, este recubrimiento puede desgastarse, requiriendo reaplicación.

2. **Recubrimiento Antirreflectante (AR):**

   - **Función**: Minimiza los reflejos de luz en la pantalla, mejorando la visibilidad, especialmente bajo luz directa.

   - **Uso**: Utilizado en dispositivos que se usan al aire libre, como tabletas y monitores de computadora.

   - **Ventajas**: Incrementa la transmisión de luz, mejorando la claridad de la imagen.

3. **Recubrimiento Antideslumbrante (AG):**

   - **Función**: Dispersa la luz que incide sobre la pantalla para reducir el deslumbramiento sin afectar la claridad de la imagen.

   - **Uso**: Preferentemente en ambientes interiores donde hay fuentes de luz indirecta.

   - **Diferencia con AR**: Mientras que AR mejora la visibilidad eliminando reflejos, AG dispersa la luz para reducir el deslumbramiento sin aumentar necesariamente la transmisión de luz.

4. **Recubrimiento Resistente a Rayones:**

- **Función**: Proporciona una capa protectora que hace la pantalla más resistente a arañazos y desgaste.

- **Uso**: Aplicado en dispositivos móviles y pantallas táctiles que están sujetos a un uso intensivo.

- **Ejemplo**: Tecnologías como Gorilla Glass de Corning, que mejora la resistencia de las pantallas de smartphones.

5. **Recubrimiento Hidrofóbico**:

- **Función**: Repela el agua, evitando que se forme condensación o que el líquido se adhiera a la superficie de la pantalla.

- **Uso**: En dispositivos que pueden estar expuestos a condiciones húmedas o lluviosas.

6. **Recubrimiento Antimicrobiano**:

- **Función**: Inhibe el crecimiento de bacterias y otros microorganismos en la superficie de la pantalla.

- **Uso**: Aumentando en dispositivos de uso compartido para mejorar la higiene.

Consideraciones:

- **Compatibilidad**: Los recubrimientos deben ser compatibles con el material de la pantalla (por ejemplo, vidrio, plástico) y con otros recubrimientos ya presentes.

- **Mantenimiento**: Algunos recubrimientos pueden necesitar mantenimiento o reaplicación para mantener su efectividad.

- **Impacto en la Visibilidad**: Mientras que algunos recubrimientos mejoran la visibilidad, otros pueden alterar ligeramente la percepción del color o el brillo de la pantalla.

Aplicación:

- **Métodos**: Los recubrimientos pueden aplicarse mediante pulverización, deposición química de vapor, recubrimiento por inmersión, entre otros métodos industriales.

- **DIY**: Existen kits para consumidores que permiten reaplicar recubrimientos oleofóbicos o antirreflectantes, aunque la calidad y durabilidad pueden variar comparadas con las aplicaciones industriales.

Cada tipo de recubrimiento tiene sus beneficios específicos, y los fabricantes pueden combinar varios recubrimientos para optimizar la experiencia del usuario según el uso previsto del dispositivo.

Aquí tienes una guía paso a paso para realizar comprobaciones antes de llevar tu impresora a un centro de servicio técnico:

Paso 1: Evaluación Inicial

- **Conectividad**: Asegúrate de que la impresora esté correctamente conectada (ya sea por cable USB, Ethernet o Wi-Fi). Si es inalámbrica, verifica que esté conectada a la red correcta.

- **Encendido**: Intenta encender la impresora. Si no enciende, revisa la fuente de alimentación y el cable de corriente.

Paso 2: Problemas de Alimentación y Papel

- **Papel**: Verifica que haya papel cargado y que esté bien colocado. Asegúrate de que no haya atascos de papel.

- **Alimentación de Papel**: Comprueba si los sensores de papel están limpios y funcionando correctamente.

Paso 3: Comprobaciones de Tinta o Tóner

- **Niveles de Tinta/Tóner**: Revisa los niveles de tinta o tóner. Muchas impresoras tienen software o pantallas que muestran estos niveles. Si están vacíos, intenta reemplazarlos o rellenarlos si es posible.

- **Cabeza de Impresión**: Si tu impresora lo permite, realiza una limpieza de la cabeza de impresión desde el menú de mantenimiento.

Paso 4: Diagnóstico de Software

- **Controladores**: Asegúrate de que los controladores de la impresora estén actualizados. Ve a la página del fabricante y descarga la última versión si es necesario.

- **Configuración de Impresión**: Revisa las configuraciones de impresión en tu computadora. Asegúrate de que la impresora esté seleccionada como predeterminada y de que las opciones de impresión estén correctas.

Paso 5: Pruebas de Funcionalidad

- **Página de Prueba**: Intenta imprimir una página de prueba desde la propia impresora o desde tu computadora. Esto puede ayudarte a identificar si el problema es de hardware o software.

- **Conexión y Comunicación**: Si la impresora no responde a los comandos de impresión, intenta reiniciar tanto la impresora como el computador o dispositivo desde el cual imprimes.

Paso 6: Limpieza Física

- **Limpieza Externa**: Limpia la impresora externamente, prestando especial atención a las áreas donde se cargan los cartuchos de tinta o tóner.

- **Limpieza Interna**: Si te sientes cómodo y la impresora lo permite, abre la impresora para limpiar el interior, especialmente alrededor de la ruta del papel y los cartuchos, con un paño seco o aire comprimido.

Paso 7: Verificación de Errores

- **Códigos de Error**: Si la impresora muestra algún código de error, busca en el manual de usuario o en el sitio web del fabricante qué significa ese código y cómo solucionarlo.

Paso 8: Backup y Preparación para el Servicio Técnico

- **Documentación**: Anota todos los problemas observados, pasos que has intentado y cualquier código de error. Esto será útil para el técnico.

- **Reemplazo de Consumibles**: Si has identificado que el problema puede ser debido a consumibles (tinta, tóner, papel), considera llevar estos al centro de servicio si están vacíos o sospechas que puedan ser la causa.

Paso 9: Decisión de Servicio

- **Evaluación Final**: Si después de estos pasos el problema persiste y no puedes solucionarlo, probablemente es el momento de llevar la impresora a un centro de servicio técnico.

Paso 10: Información para el Técnico

- **Detalles del Problema**: Proporciona toda la información que has recopilado sobre el problema al técnico. Esto puede ayudar a diagnosticar y reparar la impresora más rápidamente.

Seguir estos pasos te ayudará a identificar si puedes resolver el problema por tu cuenta o si realmente necesitas asistencia técnica profesional.

Identificación del Código de Error

1. **Revisa la Pantalla de la Impresora**: Muchas impresoras modernas muestran el código de error directamente en una pantalla LCD.

2. **Logs de Impresión**: En impresoras de red o más avanzadas, puedes buscar en el software de la impresora o en el panel de control de la interfaz web para ver logs de error.

3. **Documentos de Estado**: Algunos modelos imprimen un informe de estado que puede incluir códigos de error.

Interpretación del Código de Error

- **Manual del Usuario**: El manual de tu impresora debería tener una sección dedicada a los códigos de error.

- **Sitio Web del Fabricante**: Los sitios de soporte de marcas como HP, Epson, Canon, Brother, etc., tienen listas de códigos de error con sus explicaciones y soluciones.

- **Búsqueda en Línea**: Si no tienes acceso al manual o al sitio web, una búsqueda en línea del código de error específico puede darte respuestas.

Ejemplos Comunes de Códigos de Error y Soluciones:

HP

- **Código 0xc19a0013**: Error de comunicación del cabezal de impresión. Reinicia la impresora y asegúrate de que los cartuchos estén correctamente instalados.

- **Código 0x610000f6**: Error con el cabezal de impresión. Prueba con un reinicio pero, si persiste, podría necesitar un reemplazo o limpieza.

Epson

- **Error W-11**: El cabezal de impresión puede estar dañado o bloqueado. A veces, una limpieza puede resolverlo, pero podría requerir atención técnica.

- **Error E-01**: Problema con el cartucho de tinta. Verifica que los cartuchos estén bien colocados y no estén vacíos.

Canon

- **Error 5B00**: Este error se relaciona con un contador de mantenimiento que necesita ser restablecido; suele requerir intervención técnica.

- **Error 5200**: Indica un problema con el escáner o la alimentación de papel. Revisa si hay papel atascado.

Brother

- **Error 4F**: Problema con la temperatura de la impresora. Asegúrate de que la impresora esté en un lugar bien ventilado y no sobrecalentada.

- **Error 50**: Error de inicialización, puede requerir apagar la impresora, esperar y luego volver a encenderla.

Resolución de Errores

1. **Reinicio**: A menudo, apagar y volver a encender la impresora resuelve problemas temporales.

2. **Revisión de Consumibles**: Asegúrate de que haya suficiente tinta, tóner, y papel.

3. **Limpieza y Mantenimiento**: Realiza limpiezas de cabezales o reemplace consumibles si es necesario.

4. **Actualización de Software**: Asegúrate de que los controladores y el firmware de la impresora estén actualizados.

5. **Despejar Atascos**: Revisa y elimina cualquier papel atascado.

6. **Revisión de Conexiones**: Verifica que todos los cables estén conectados correctamente.

Cuando Buscar Ayuda Profesional

- Si después de intentar las soluciones sugeridas el error persiste.

- Si el código de error indica un problema de hardware más grave como un error en el motor o en el cabezal de impresión que no puedes resolver tú mismo.

- Para errores que requieran herramientas o conocimiento técnico especializado.

Recuerda que esta es una guía general y que siempre es mejor referirse a la documentación específica de tu modelo de impresora para obtener detalles y soluciones precisas.

El código de error **0xc19a0013** es común en impresoras HP y generalmente indica un **problema con el sistema de tinta**, específicamente relacionado con el cabezal de impresión o los cartuchos. Aquí hay una guía paso a paso para intentar solucionar este error:

Causas Comunes:

- **Cartuchos de Tinta Mal Instalados o Defectuosos**
- **Cabeza de Impresión Bloqueada o Sucia**
- **Problemas de Comunicación entre la Impresora y los Cartuchos**

Pasos para Resolver el Error:

1. Reinicio de la Impresora

- **Apaga la Impresora**: Si está encendida, apágala.
- **Desconecta el Cable de Alimentación**: Desde la impresora y de la toma de corriente.
- **Espera**: Al menos 60 segundos.
- **Conecta y Enciende**: Vuelve a conectar el cable de alimentación y enciende la impresora.

2. Revisar e Instalar Correctamente los Cartuchos

- **Retira los Cartuchos**: Saca todos los cartuchos de tinta de la impresora.
- **Inspecciona los Cartuchos**: Busca signos de daño, tinta seca o residuos.
- **Limpieza de Contactos**: Usa un paño limpio o bastoncillos de algodón con alcohol isopropílico para limpiar tanto los contactos en los cartuchos como en la impresora.
- **Vuelve a Insertar los Cartuchos**: Asegúrate de que cada cartucho esté firmemente colocado en su lugar correcto.

3. Limpieza del Cabeza de Impresión

- **Desde el Menú de la Impresora**: Si tu impresora tiene una opción de limpieza del cabezal, úsala. Esto puede estar en el menú de mantenimiento.

- **Manualmente**: Si no puedes acceder a una limpieza automática, puedes intentar limpiar el cabezal manualmente siguiendo las instrucciones del manual de tu impresora.

4. Comprobar Niveles de Tinta

- **Revisa los Niveles**: Asegúrate de que no haya cartuchos vacíos. Los niveles bajos de tinta pueden provocar este error.

5. Actualización de Software

- **Controladores**: Asegúrate de que los controladores de la impresora estén actualizados. Visita el sitio web de HP y descarga las últimas versiones si es necesario.

- **Firmware**: También considera actualizar el firmware de la impresora.

6. Prueba de Impresión

- **Imprime una Página de Prueba**: Después de cada paso, intenta imprimir una página de prueba para ver si el error se ha resuelto.

Consideraciones Finales:

- **Usa Cartuchos Originales**: HP recomienda usar cartuchos originales, ya que los cartuchos rellenados o de terceros podrían causar errores.

- **Si Persiste el Error**: Si después de estos pasos el error 0xc19a0013 sigue apareciendo, podría ser necesario contactar con el soporte de HP o llevar la impresora a un centro de servicio técnico. Este error puede indicar que hay un problema hardware más profundo con el cabezal de impresión o el sistema de tinta.

Fuentes:

- HP Support: Documentos de soporte para impresoras HP suelen tener secciones específicas para códigos de error como este.

- Comunidades en Línea: Foros y comunidades de soporte donde usuarios comparten sus experiencias y soluciones.

Ten en cuenta que cada impresora puede tener variaciones en estos procedimientos, por lo que revisar el manual específico de tu modelo de impresora o consultar directamente con el soporte de HP puede ser necesario.

Problemas Comunes y Causas:

1. **Obstrucción de Inyectores:**

   o **Causa:** Tinta seca, polvo o residuos bloqueando los inyectores.

   o **Solución:** Realizar ciclos de limpieza automática desde el software de la impresora. Si esto no funciona, limpieza manual con limpiador específico para cabezales.

2. **Desgaste del Cabeza de Impresión:**

   o **Causa:** Uso prolongado, impresiones de alta densidad o impresiones frecuentes con tinta de baja calidad.

   o **Solución:** Reemplazar el cabezal de impresión si está muy desgastado. Algunos modelos permiten el reemplazo por el usuario, mientras que otros requieren servicio técnico.

3. **Cabeza de Impresión Desalineada:**

   o **Causa:** Movimiento repetitivo y desgaste natural.

   o **Solución:** Ejecutar la utilidad de alineación de cabezales desde el software de la impresora.

4. **Problemas de Comunicación:**

   o **Causa:** Fallo en los contactos eléctricos entre el cabezal y la impresora.

   o **Solución:** Limpiar los contactos con un paño seco o alcohol isopropílico. Asegúrate de que los cartuchos estén correctamente instalados.

5. **Tinta Incorrecta o de Mala Calidad:**

   o **Causa:** Uso de tintas no compatibles o de calidad inferior.

   o **Solución:** Utilizar tintas recomendadas por el fabricante. Si el problema persiste, puede ser necesario limpiar o reemplazar el cabezal.

6. **Sobrecalentamiento:**

- ○ **Causa**: Uso intensivo de la impresora sin pausas para enfriamiento.

- ○ **Solución**: Permitir que la impresora se enfríe entre sesiones largas de impresión. Verificar y limpiar los ventiladores de la impresora.

7. **Errores de Software**:

- ○ **Causa**: Problemas con los controladores o el firmware de la impresora.

- ○ **Solución**: Actualizar los controladores y el firmware de la impresora desde el sitio web del fabricante.

Pasos Generales para Solucionar Problemas:

- **Prueba de Inyectores**: Imprime una página de prueba para diagnosticar qué inyectores podrían estar obstruidos.

- **Ciclos de Limpieza**: Ejecuta la limpieza automática del cabezal. No abuses de este método, ya que puede desperdiciar tinta.

- **Limpieza Manual**: Si la limpieza automática no resuelve el problema, considera una limpieza manual siguiendo las instrucciones del manual de tu impresora o utilizando productos de limpieza específicos.

- **Alineación**: Realiza la alineación del cabezal si notas que las impresiones tienen líneas o desalineaciones.

- **Inspección Visual**: Abre la impresora para inspeccionar visualmente el cabezal y los cartuchos. Busca signos de suciedad, tinta seca o mal contacto eléctrico.

- **Reemplazo**: Si nada funciona, podría ser necesario reemplazar el cabezal de impresión o, en algunos casos, la impresora.

Consejos Preventivos:

- **Uso Regular**: Usa tu impresora con regularidad para evitar que la tinta se seque en los inyectores.

- **Calidad de Tinta**: Invierte en tintas de buena calidad y compatibles.

- **Mantenimiento**: Programa limpiezas y alineaciones periódicas.

- **Ambiente**: Mantén la impresora en un entorno limpio y con buena ventilación.

Si después de estos pasos el problema persiste, podría ser útil consultar el soporte técnico del fabricante o considerar llevar la impresora a un centro de servicio autorizado.

métodos de limpieza manual

Respuesta

La limpieza manual del cabezal de impresión puede ser una solución efectiva para desobstruir inyectores y mejorar la calidad de impresión cuando los métodos automáticos no son suficientes. Aquí hay una guía paso a paso para realizar una limpieza manual segura y efectiva:

Materiales Necesarios:

- **Guantes de látex** (para evitar dejar huellas dactilares o contaminar el cabezal)

- **Alcohol isopropílico** (al menos 90% de pureza)

- **Toallas de papel o paño de microfibra** (limpios y sin pelusa)

- **Bastoncillos de algodón**

- **Agua destilada** (opcional, para diluir el alcohol si es necesario)

- **Limpiador específico para cabezales de impresión** (si lo tienes, aunque el alcohol isopropílico suele ser suficiente)

- **Un recipiente pequeño para remojar** (solo si decides remojar el cabezal)

Métodos de Limpieza Manual:

1. Preparación

- **Apaga y desconecta la impresora**: Evita accidentes con electricidad.

- **Acceso al Cabeza de Impresión**: Consulta el manual para saber cómo acceder al cabezal de impresión. En algunas impresoras, debes mover manualmente la carroza del cabezal a un área accesible.

2. Limpieza de Contactos

- **Retira los Cartuchos**: Si es posible, quita los cartuchos de tinta para limpiar alrededor sin que se derrame tinta.

- **Limpieza de los Contactos Eléctricos**: Usa un bastoncillo de algodón humedecido con alcohol isopropílico para limpiar los contactos de la impresora y del cabezal. Asegúrate de que estén completamente secos antes de volver a montar.

3. Limpieza de Inyectores

- **Método Directo**:

  - **Bastoncillo Humedecido**: Humedece ligeramente un bastoncillo con alcohol isopropílico y pasa con cuidado sobre la superficie de impresión del cabezal. No presiones demasiado para no dañar los inyectores.

  - **Secado**: Deja que se seque completamente o usa un paño seco para asegurarte de que no quede humedad.

- **Método de Remojo** (Solo para cabezales separables):

  - **Remojar el Cabeza de Impresión**: Si tu cabezal es extraíble, puedes sumergir solo la parte de los inyectores en alcohol isopropílico o en una solución de limpieza específica para cabezales. Deja remojar por unos minutos.

  - **Limpieza Posterior**: Después de remojar, usa bastoncillos para limpiar con más precisión.

  - **Secado**: Asegúrate de que el cabezal esté completamente seco antes de volver a instalarlo. Esto puede llevar varias horas dependiendo de la cantidad de solución usada.

4. Reensamblaje y Prueba

- **Vuelve a Colocar los Cartuchos**: Si los habías retirado, vuelve a colocarlos en su lugar.

- **Reinstalación del Cabeza de Impresión**: Si lo habías quitado, asegúrate de que esté correctamente colocado.

- **Prueba de Impresión**: Enciende la impresora y haz una prueba de impresión para ver si la calidad ha mejorado.

Advertencias:

- **Usa Alcohol Isopropílico con Cuidado**: Es un solvente fuerte; asegúrate de no dejar que entre en componentes eléctricos.

- **No Remojes si No Estás Seguro**: Solo sumerge el cabezal si sabes que es seguro para tu modelo de impresora.

- **Prueba Primero Métodos Automáticos**: La limpieza manual debe ser una última opción después de haber probado la limpieza automática varias veces.

- **Consultar el Manual**: Cada impresora puede tener requisitos y procedimientos específicos para la limpieza manual.

Recuerda, si después de la limpieza manual los problemas persisten, puede ser necesario considerar un reemplazo del cabezal o buscar asistencia profesional.

Problemas Comunes y Soluciones:

1. Cartuchos de Tinta No Reconocidos

- **Causa**: Chip dañado, suciedad en los contactos, cartuchos incompatibles o no originales.

- **Solución**:

    o **Revisar el Chip**: Asegúrate de que el chip del cartucho esté bien colocado. Limpia los contactos con un paño seco o alcohol isopropílico si hay suciedad.

    o **Compatibilidad**: Usa cartuchos diseñados para tu modelo de impresora. Algunas impresoras tienen problemas con cartuchos compatibles debido a actualizaciones de firmware.

    o **Reiniciar**: Apaga la impresora, desconéctala, espera unos minutos y vuelve a conectarla.

2. Cartuchos de Tinta Vacíos o con Niveles Bajos

- **Causa**: El cartucho se ha agotado o los niveles de tinta son muy bajos.

- **Solución**:

    o **Reemplazo**: Sustituye el cartucho vacío por uno nuevo.

    o **Relleno**: Si utilizas cartuchos rellenables, asegúrate de rellenarlos correctamente con la tinta adecuada.

3. Inyectores Obstruidos

- **Causa**: Tinta seca o acumulación de residuos en los inyectores del cabezal.

- **Solución**:

    o **Limpieza Automática**: Usa la función de limpieza de cabezales desde el software de la impresora.

- o **Limpieza Manual**: Si persiste, considera una limpieza manual como se describió anteriormente, con cuidado de no dañar los inyectores.

4. Calidad de Impresión Pobre

- **Causa**: Puede ser por inyectores obstruidos, cartuchos mal alineados, o tinta de mala calidad.

- **Solución**:

  - o **Alineación**: Ejecuta la utilidad de alineación de cartuchos.

  - o **Calidad de Tinta**: Usa tinta de calidad o recomendada por el fabricante.

  - o **Limpieza**: Realiza limpieza de cabezales si las impresiones muestran rayas o colores incorrectos.

5. Fugas de Tinta

- **Causa**: Cartuchos defectuosos, daños físicos en el cartucho, o instalación incorrecta.

- **Solución**:

  - o **Inspección Visual**: Revisa los cartuchos por signos de fisuras o daños.

  - o **Limpieza de Área**: Limpia cualquier residuo de tinta alrededor del área de instalación.

  - o **Reemplazo**: Si un cartucho está dañado, reemplázalo.

6. Mensajes de Error Relacionados con Tinta

- **Causa**: Cartuchos no originales, problemas con el chip del cartucho, o errores de comunicación.

- **Solución**:
    - ○ **Revisar Mensaje**: Consulta el manual o el sitio web del fabricante para entender el mensaje de error específico.
    - ○ **Actualización de Software**: Asegúrate de que el firmware y los controladores de la impresora estén actualizados.

7. Tinta Seca en Cartuchos Nuevos

- **Causa**: Almacenamiento inadecuado o cartuchos que han estado mucho tiempo sin usar.

- **Solución**:
    - ○ **Almacenamiento**: Guarda cartuchos nuevos en un lugar fresco y seco, lejos de la luz solar directa.
    - ○ **Prueba de Impresión**: Intenta imprimir varias páginas para ver si la tinta empieza a fluir correctamente.

Consejos Preventivos:

- **Uso Regular**: Imprime al menos una página a la semana para mantener la tinta fluyendo.

- **Calidad de Tinta**: No mezcles tintas de diferentes marcas o calidades.

- **Mantenimiento**: Limpia y alinea los cabezales periódicamente.

- **Compatibilidad**: Verifica que los cartuchos sean compatibles con tu impresora antes de comprarlos.

Si después de intentar estas soluciones el problema persiste, puede ser necesario contactar con el soporte técnico del fabricante o llevar la impresora a un centro de servicio.

guía práctica te ayudará a diagnosticar problemas comunes en tu impresora láser y determinar si es posible solucionarlos por tu cuenta o si necesitas acudir a un centro de servicio. Sigue los pasos en orden para identificar posibles fallos en el hardware o software de la impresora.

1. Revisión Inicial

1. **Verifica el cableado y las conexiones:**
   - Asegúrate de que el cable de alimentación esté correctamente conectado y que la impresora reciba energía.
   - Comprueba el cable USB o la conexión de red (WiFi o Ethernet).
   - Cambia los cables por otros funcionales si sospechas un problema.
2. **Inspecciona la pantalla o los indicadores LED:**
   - Revisa si hay mensajes de error o luces parpadeando. Anota el código o mensaje mostrado para buscar su significado en el manual del usuario.
3. **Comprueba el nivel de toner y papel:**
   - Asegúrate de que los cartuchos de tóner tengan suficiente carga.
   - Revisa que la bandeja de papel esté cargada correctamente y que no haya atascos visibles.

2. Pruebas de Funcionamiento Básico

1. **Realiza una prueba de autodiagnóstico:**
   - La mayoría de las impresoras láser permiten imprimir una hoja de prueba sin necesidad de una computadora.
   - Consulta el manual de usuario para los pasos específicos (por ejemplo, presionando y manteniendo un botón por varios segundos).
   - Si la impresora no imprime esta prueba, es probable que el problema sea de hardware.
2. **Prueba desde la computadora:**
   - Verifica que el controlador de la impresora esté instalado correctamente.
   - Intenta imprimir un documento de prueba desde el sistema operativo:
     - En Windows: Ve a *Configuración > Dispositivos > Impresoras y escáneres*, selecciona la impresora y haz clic en *Imprimir página de prueba*.
     - En macOS: Ve a *Preferencias del sistema > Impresoras y escáneres*, selecciona la impresora y haz clic en *Opciones y suministros > Utilidad > Imprimir página de prueba*.

3. Identificación de Problemas Comunes y Soluciones

a) Problemas de Atasco de Papel

1. **Localiza el papel atascado:**
   - Abre las compuertas segn las instrucciones del manual y retira el papel atascado con cuidado.
2. **Revisa los rodillos:**
   - Limpia los rodillos de alimentación con un paño suave ligeramente humedecido.

b) Impresión de Baja Calidad

1. **Rayas o manchas en la hoja:**
   - Limpia el tambor y revisa el cartucho de tóner por fugas.
   - Asegúrate de que el cartucho esté correctamente instalado.
2. **Colores desbalanceados (en impresoras a color):**
   - Ejecuta el modo de calibración desde el menú de configuración de la impresora.

c) Problemas de Conectividad

1. **Impresora no detectada:**
   - Reinicia la impresora y la computadora.
   - Asegúrate de que la impresora esté configurada como predeterminada en el sistema operativo.
2. **Problemas con WiFi:**
   - Comprueba que la impresora esté conectada a la misma red que tu computadora.
   - Restablece la configuración de red en la impresora si es necesario.

d) Errores de Software

1. **Controlador desactualizado o corrupto:**
   - Descarga e instala el controlador actualizado desde la página web del fabricante.
2. **Cola de impresión bloqueada:**
   - Ve a *Servicios de Windows*, busca *Cola de impresión*, detén el servicio y elimina los archivos temporales en la carpeta `C:\Windows\System32\spool\PRINTERS`. Reinicia el servicio.

---

4. Recomendaciones Finales

- Si las pruebas y las soluciones anteriores no resuelven el problema, toma nota de:

- o   El modelo de la impresora.
- o   Los mensajes de error.
- o   Las acciones que ya realizaste.
- Lleva esta información al centro de servicio para ayudar a los técnicos a identificar el problema más rápidamente.

5. Herramientas Sugeridas

- Manual del usuario de la impresora.
- Paño de microfibra.
- Alcohol isopropílico (para limpieza de componentes internos).
- Conexión a Internet para descargar controladores o buscar guías específicas.

Conclusión: Siguiendo estos pasos, podrás identificar y solucionar problemas comunes en tu impresora láser. Esto no solo te ahorrará tiempo y dinero, sino que también te dará una mejor comprensión del funcionamiento de tu equipo.

Apéndice: Recursos Adicionales

1. Glosario de Términos Técnicos

- **Tóner:** Polvo utilizado en impresoras láser para formar las imágenes o texto en el papel.
- **Tambor:** Componente de la impresora que transfiere el tóner al papel mediante carga electrostática.
- **Controlador:** Software que permite que la computadora se comunique con la impresora.
- **Rodillos de Alimentación:** Cilindros que transportan el papel a través de la impresora.

2. Fuentes de Información y Soporte

- Manuales del usuario: Asegúrate de tener a la mano el manual de tu impresora. La mayoría están disponibles en línea en la página oficial del fabricante.
- Sitios web de soporte:
    - HP Support
    - Epson Support
    - Canon Support

3. Herramientas Útiles para Diagnóstico

- **Software de diagnóstico del fabricante:** Muchas marcas ofrecen herramientas gratuitas para identificar problemas.
- **Aplicaciones móviles:** Algunas impresoras modernas cuentan con aplicaciones que facilitan la solución de problemas desde tu smartphone.

4. Recursos Educativos

- Videos en plataformas como YouTube que muestran pasos para solucionar problemas específicos.
- Foros de soporte técnico como Tom's Hardware o Reddit.

5. Contacto con el Fabricante

- Teléfonos de soporte al cliente:
    - HP: 800-HP-INVENT (800-474-6836)
    - Epson: 800-463-7766
    - Canon: 800-652-2666

Notas Finales:

Si decides acudir a un centro de servicio, lleva una copia de esta guía junto con cualquier documento o garantía que poseas para agilizar el proceso de reparación.

Metadatos Correctos para Amazon KDP

1. Título:
"Dominando el Mantenimiento de Computadoras y Accesorios"

2. Subtítulo:
"Guía Completa para Reparación, Diagnóstico y Optimización de Equipos de Cómputo"

3. Autor:
Alfonso Lemus Rodríguez

4. Palabras Clave:

- Mantenimiento de computadoras
- Reparación de equipos de cómputo
- Guía técnica de computadoras
- Optimización de hardware
- Solución de problemas de PC
- Reparación de laptops
- Accesorios de computadoras

5. Descripción:
Este libro es una guía técnica y práctica diseñada para quienes buscan aprender o mejorar sus habilidades en el mantenimiento y reparación de equipos de cómputo y sus accesorios. Ofrece consejos claros y procedimientos detallados para diagnosticar, optimizar y reparar computadoras portátiles, de escritorio, impresoras, discos duros, memorias RAM, procesadores y más. Con lenguaje accesible y herramientas paso a paso, esta obra es ideal para principiantes y técnicos en informática que desean expandir su conocimiento y ofrecer un mejor servicio a sus clientes.

6. Categorías:

- Tecnología > Hardware > Mantenimiento y Reparación
- Tecnología > Computadoras y Accesorios
- Guías de Autoayuda y Manualidades Técnicas

7. Idioma:
Español

8. Fecha de Publicación:
Diciembre 2024

9. Tipo de Libro:
Tapa blanda, ebook Kindle (asegúrate de elegir ambos formatos si es aplicable).

10. Público Objetivo:

- Estudiantes de informática
- Técnicos en reparación de computadoras
- Usuarios interesados en soluciones DIY (hágalo usted mismo)
- Propietarios de pequeños negocios relacionados con tecnología

Acerca del Autor

Alfonso Lemus Rodríguez es un apasionado de la tecnología y la educación, con años de experiencia en el mantenimiento y reparación de equipos de cómputo. Ha trabajado como técnico especializado, capacitando a individuos y empresas en la optimización y cuidado de sistemas informáticos.

Además de su experiencia técnica, Alfonso ha dedicado gran parte de su carrera a escribir manuales y guías prácticas que simplifican conceptos complejos, haciéndolos accesibles para principiantes y expertos por igual. Su enfoque se centra en proporcionar soluciones prácticas y eficaces que permitan a los lectores desarrollar habilidades técnicas y resolver problemas cotidianos de manera autónoma.

Cuando no está inmerso en proyectos tecnológicos, Alfonso disfruta compartir su conocimiento a través de talleres y conferencias, motivando a otros a explorar y dominar el mundo de la informática. Este libro refleja su compromiso con la enseñanza y su pasión por empoderar a las personas a través del aprendizaje.

www.ingramcontent.com/pod-product-compliance
Lightning Source LLC
LaVergne TN
LVHW081758050326
832903LV00027B/2010